Trace Letters: Alphabet
Handwriting Practice workbook for kids

This book belongs to:

_____

This is a beginning handwriting workbook to help kids learn writing letters and numbers in a fun and engaging way.

It is organized in a progressively skill building way for kids to develop confidence to write.

Part 1:

    Begin Tracing with Lines and Curves

    Learning the Alphabet: Trace and practice letters (A-Z a-z)

    Color the Pictures

Part 2: Writing Words

Part 3: Writing simple Sentences

Bonus Part 4: Writing Numbers (1-20) and Number Words

This book requires guidance from a teacher, parent or care giver to help the child practice writing.

Meet Jojo.
Jojo is a curious elephant.
He loves to learn and play.
Learn to write along with Jojo!

Part 1:

Tracing Lines and Curves
Learning Letters

Trace the Lines and Curves.
Color the picture and read the sight word out aloud.
Trace the letters and practice writing them
in the remaining space!

Are you ready?
Let's go!

Trace the Straight line patterns:

3

Trace the Curve patterns:

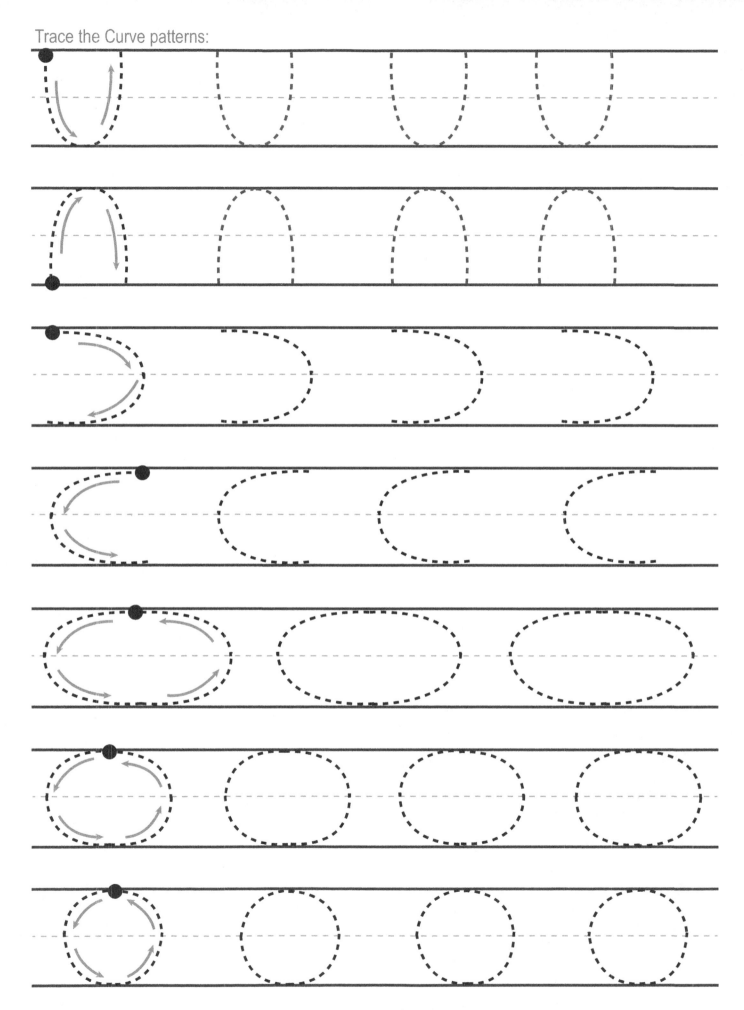

A is for Ant

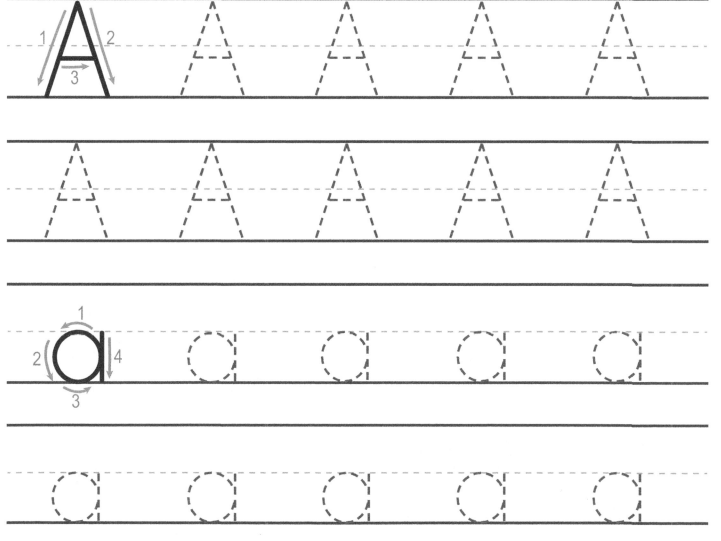

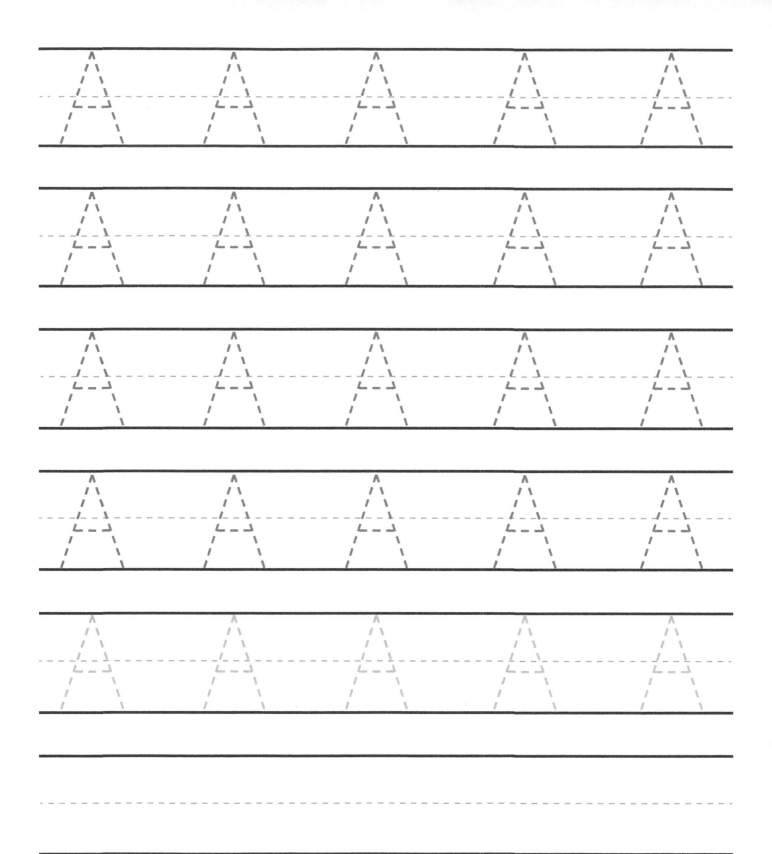

A B C D E F G H I J K L M N O P Q R S T U V W X Y Z

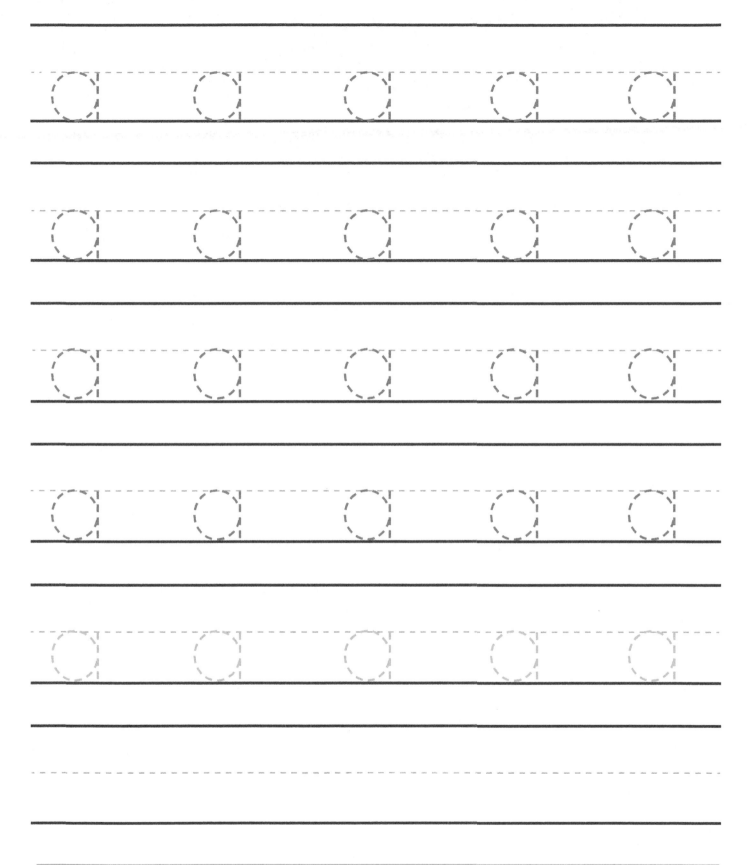

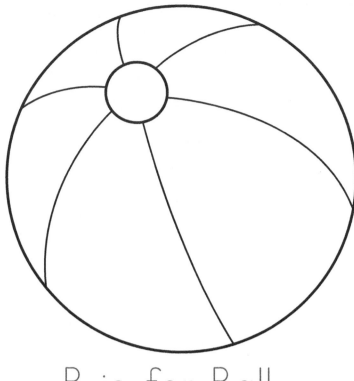

B is for Ball

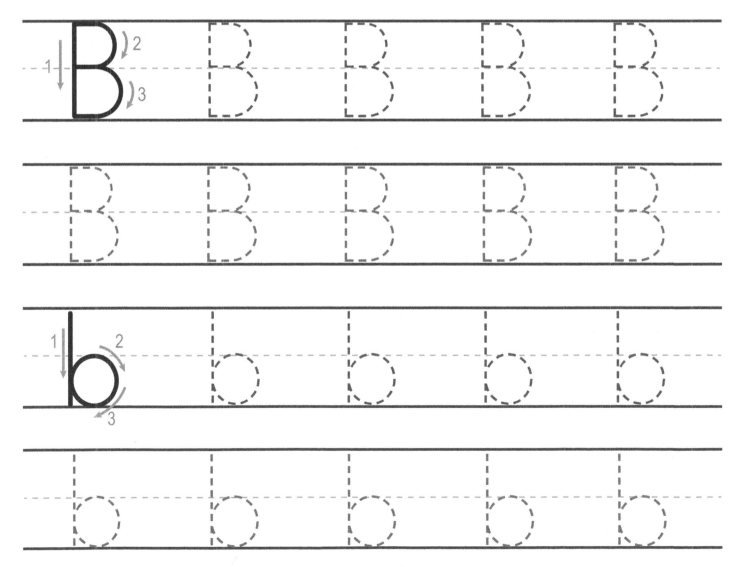

B B B B B

B B B B B

B B B B B

B B B B B

B B B B B

A B C D E F G H I J K L M N O P Q R S T U V W X Y Z

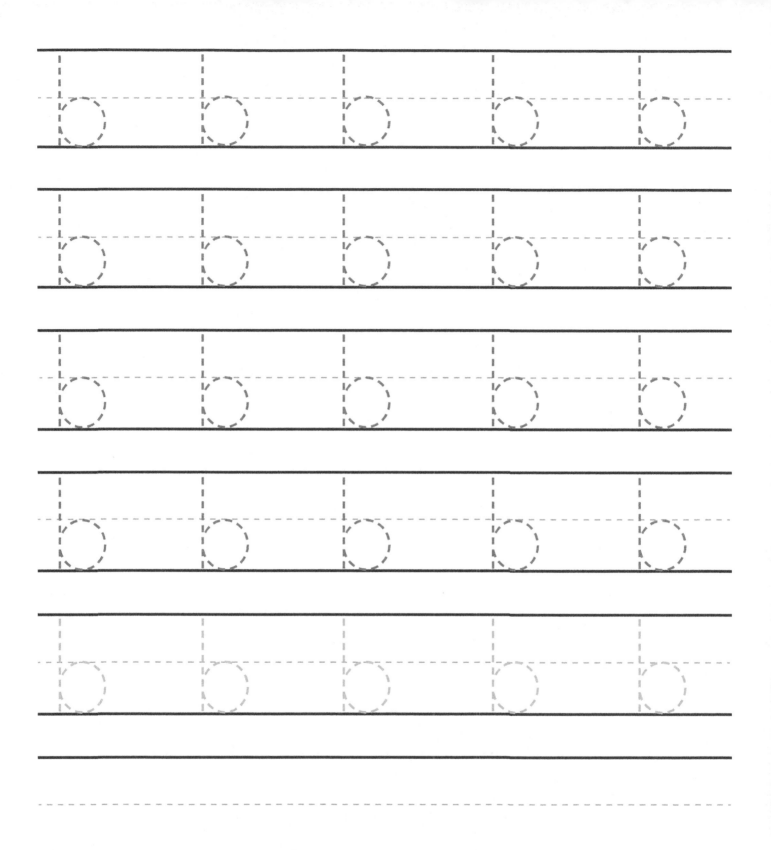

C is for Cat

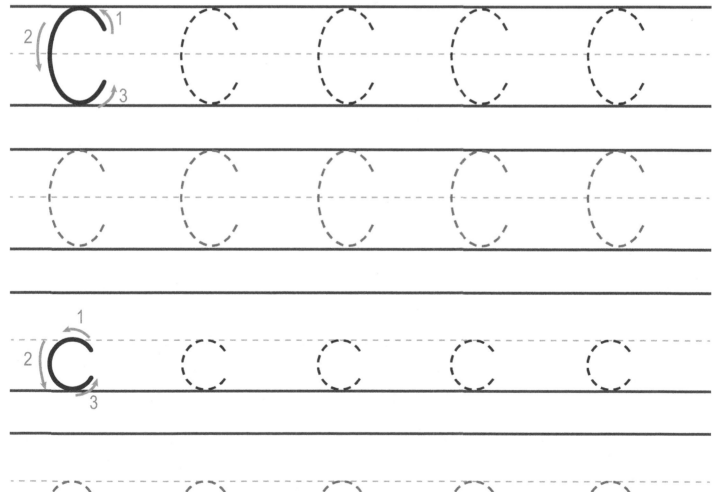

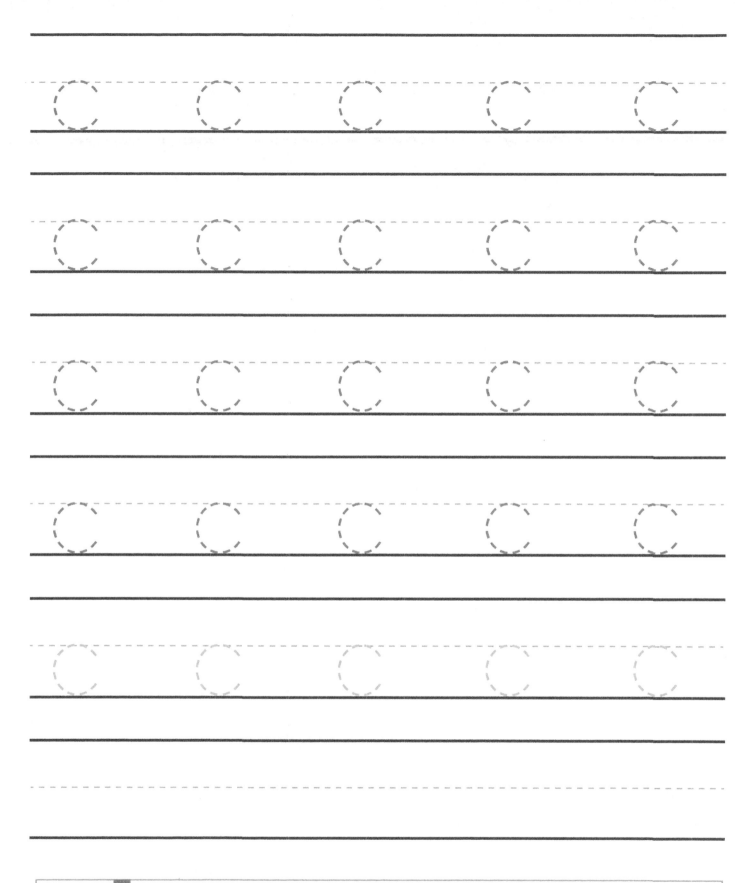

D is for Dog

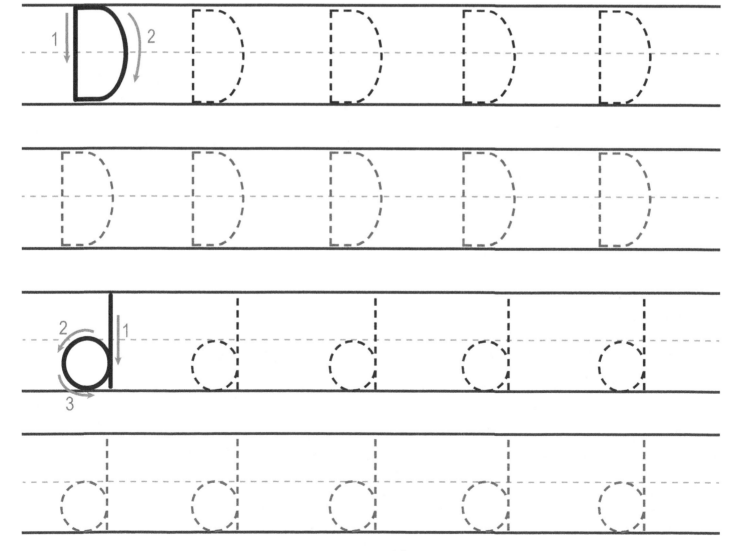

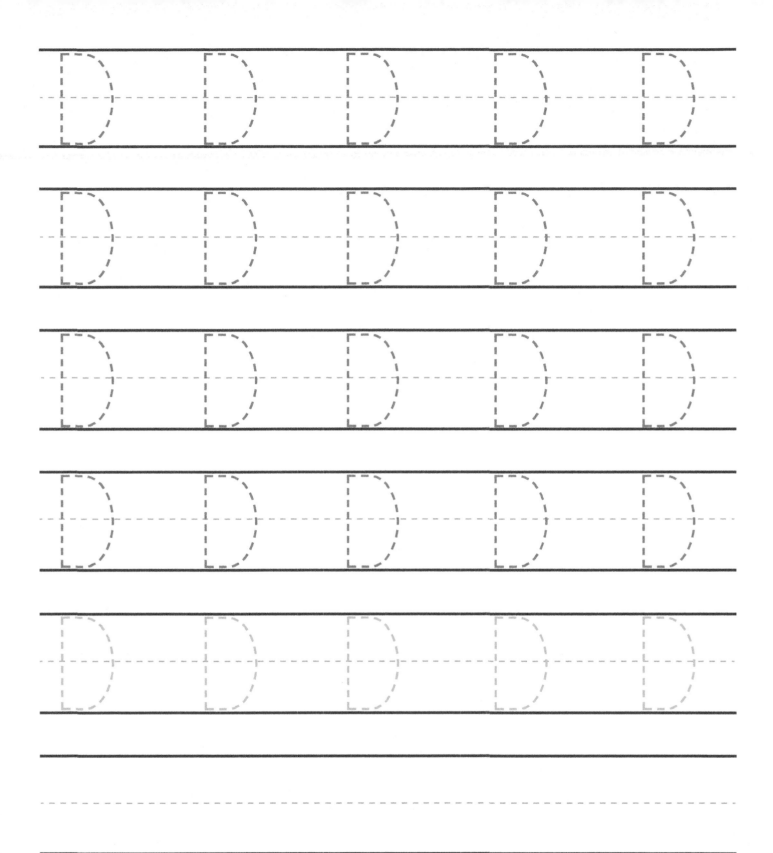

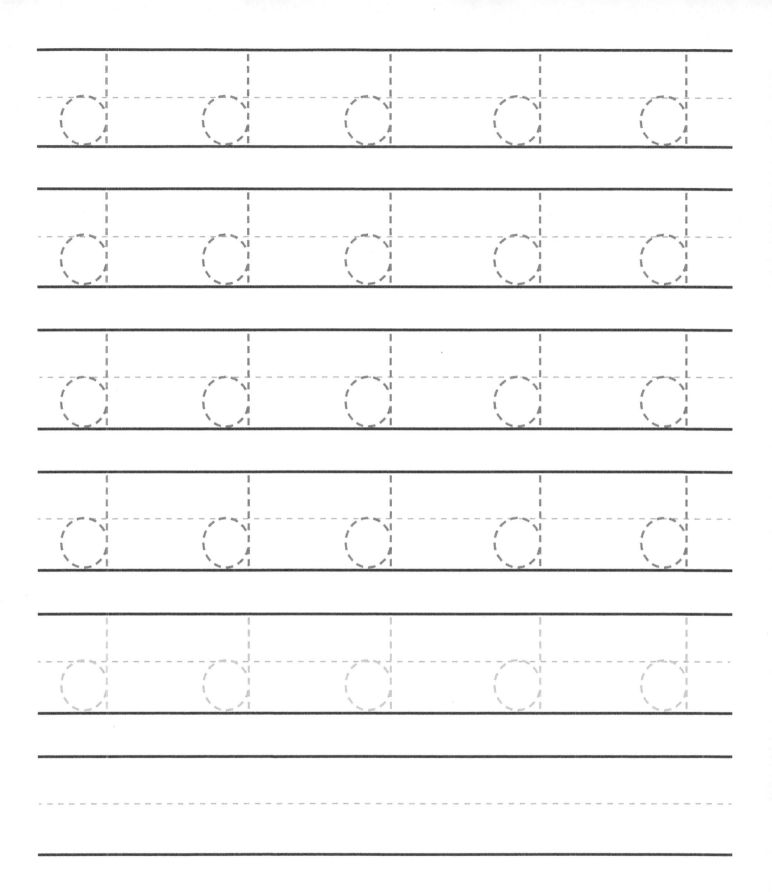

a b c **d** e f g h i j k l m n o p q r s t u v w x y z

E is for Elf

E E E E E

E E E E E

E E E E E

E E E E E

A B C D **E** F G H I J K L M N O P Q R S T U V W X Y Z

18

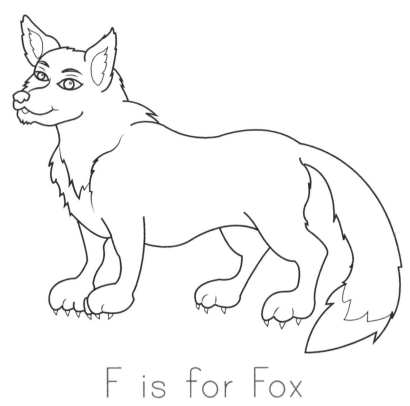

F is for Fox

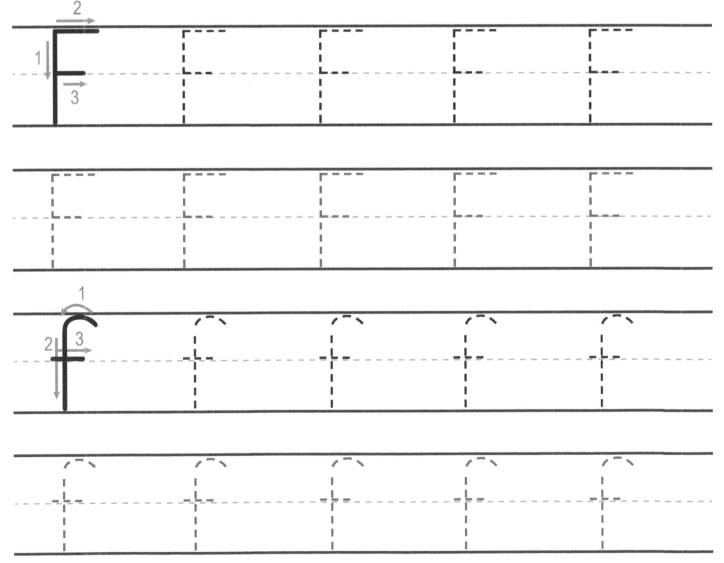

A B C D E F G H I J K L M N O P Q R S T U V W X Y Z

f f f f f

f f f f f

f f f f f

f f f f f

f f f f f

a b c d e **f** g h i j k l m n o p q r s t u v w x y z

G is for Gift

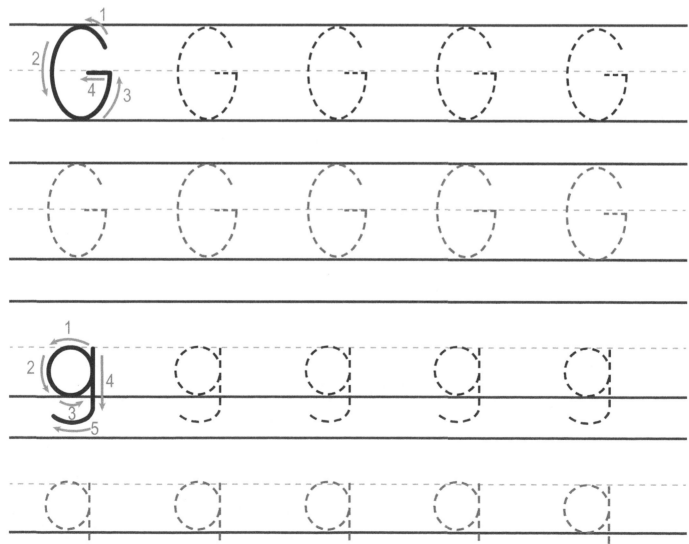

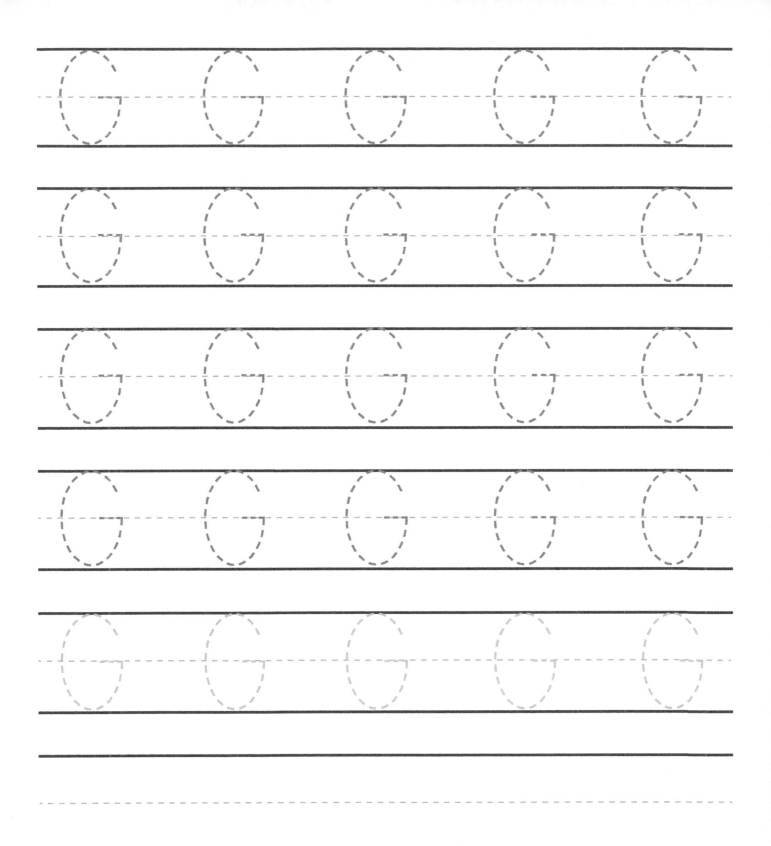

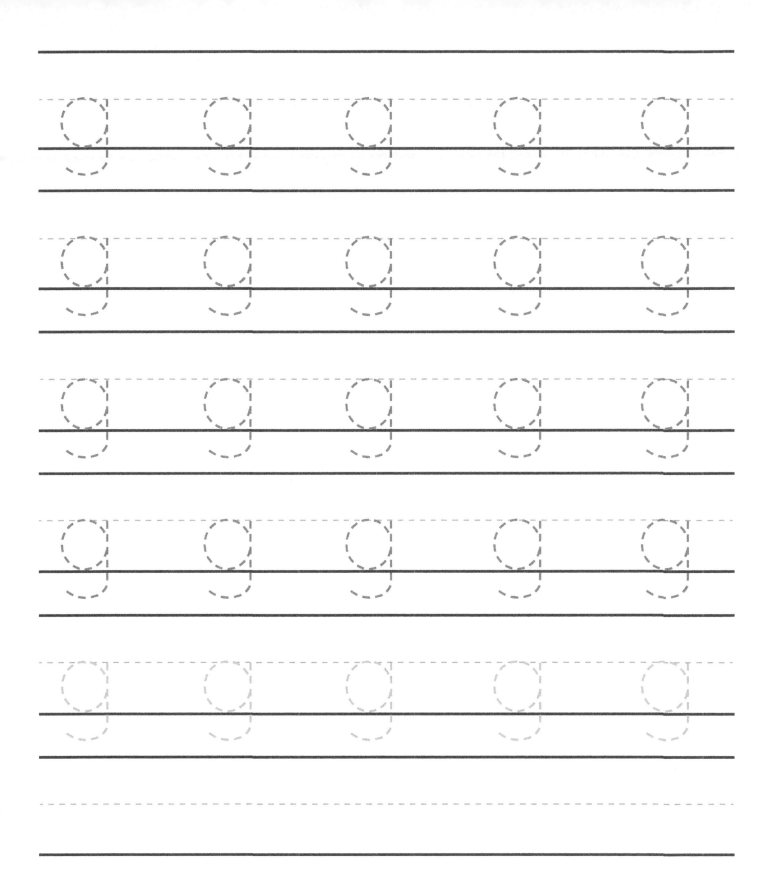

a b c d e f **g** h i j k l m n o p q r s t u v w x y z

H is for Hat

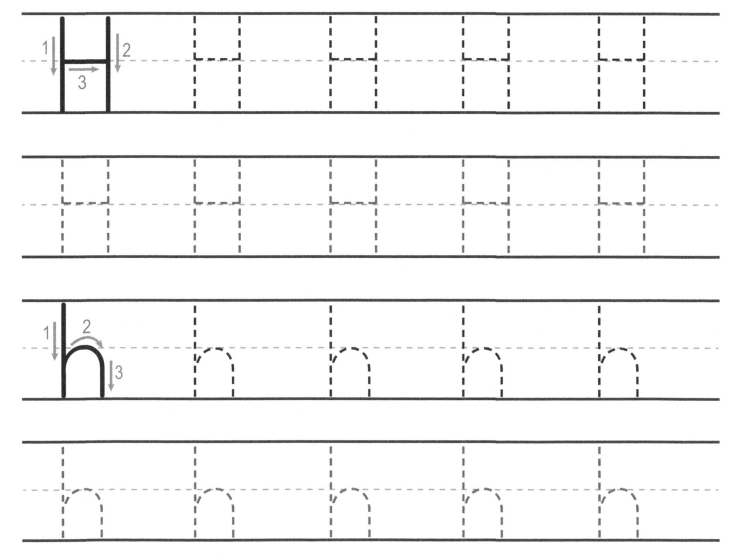

A B C D E F G **H** I J K L M N O P Q R S T U V W X Y Z

I is for Ice-cream

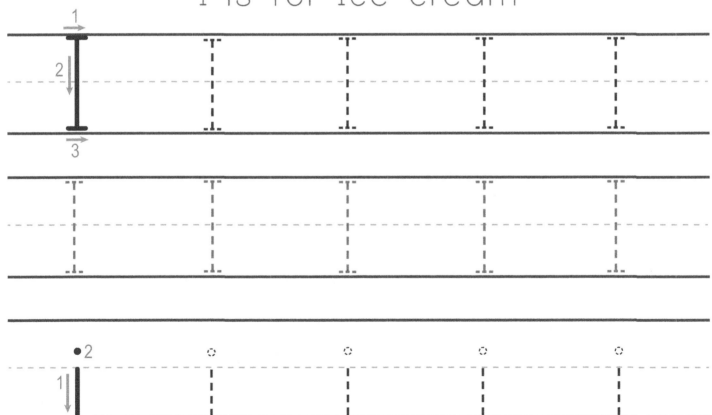

I I I I I

I I I I I

I I I I I

I I I I I

I I I I I

A B C D E F G H **I** J K L M N O P Q R S T U V W X Y Z

30

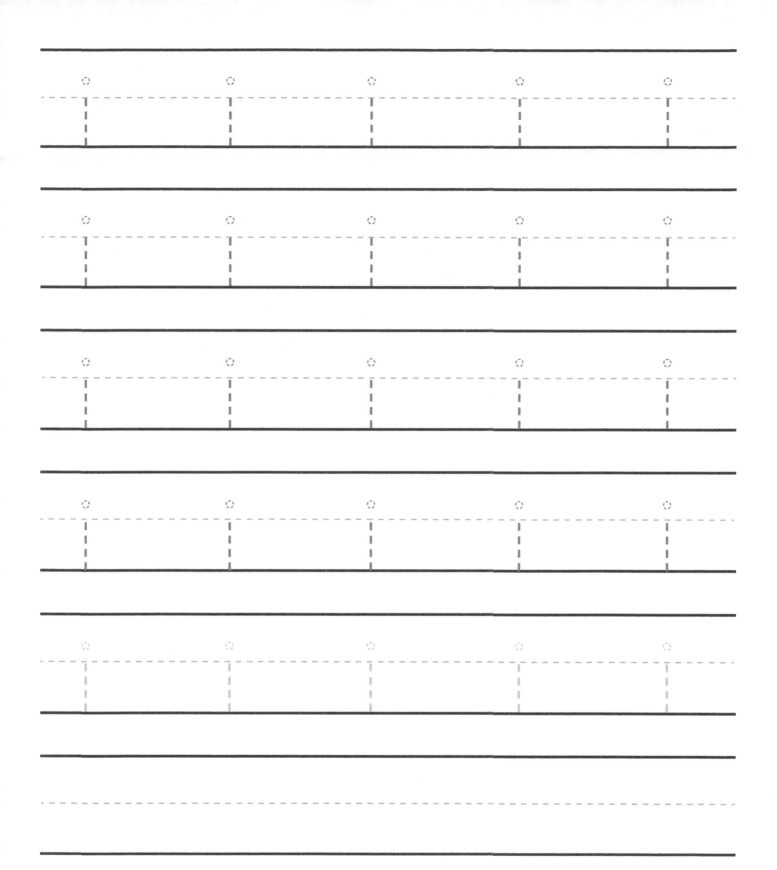

a b c d e f g h i j k l m n o p q r s t u v w x y z

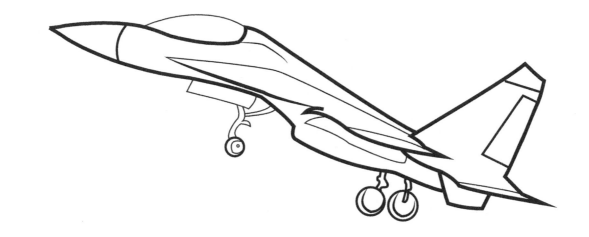

J is for Jet

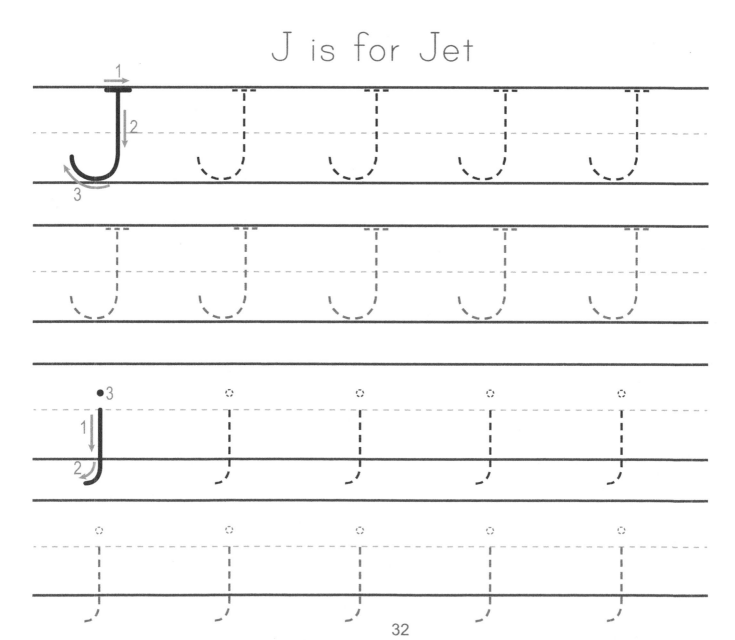

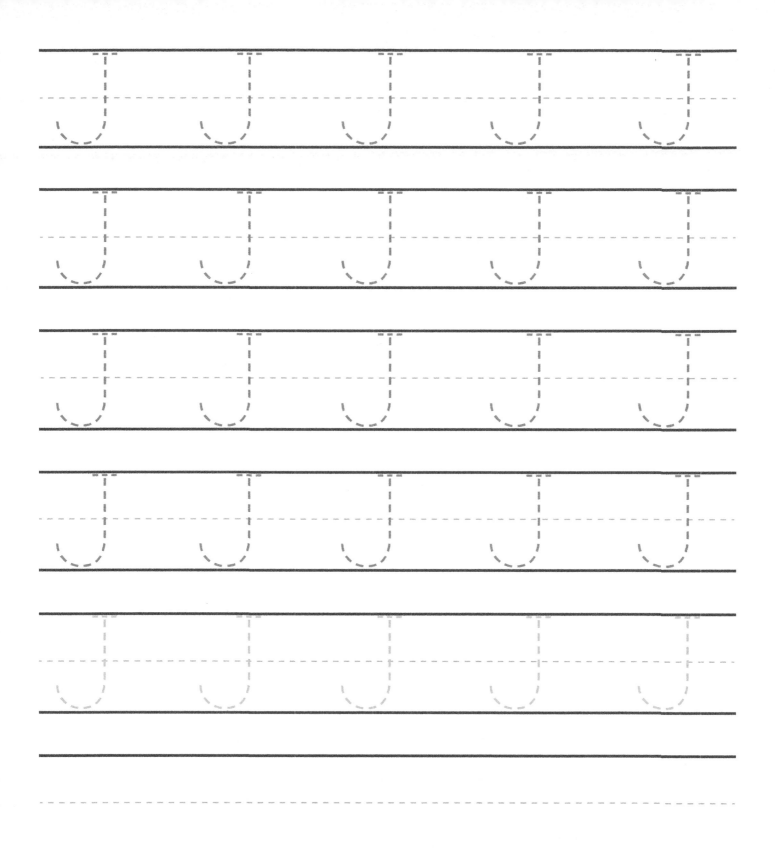

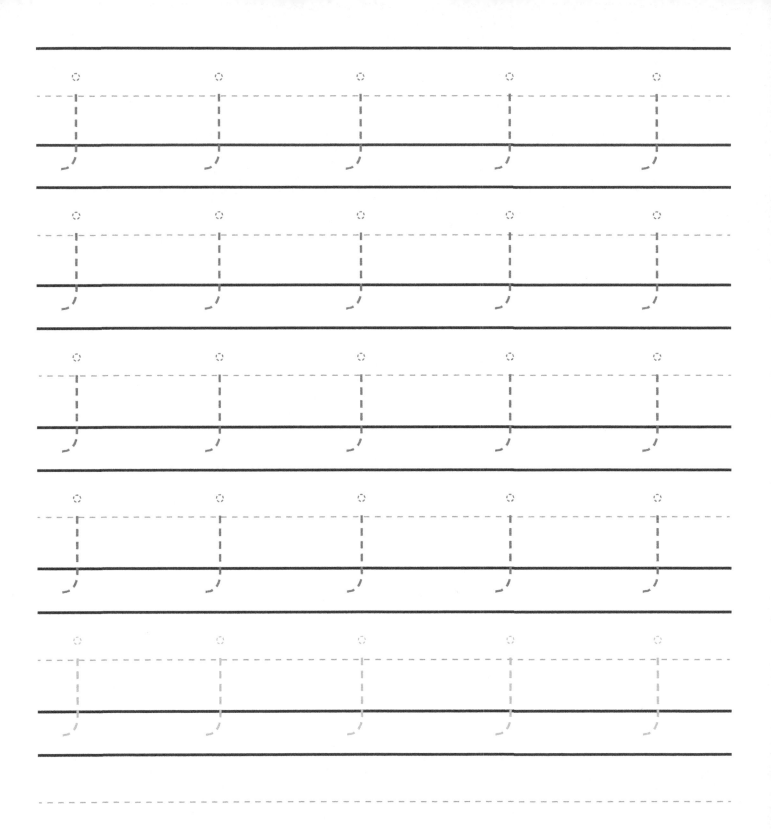

a b c d e f g h i **j** k l m n o p q r s t u v w x y z

K is for Key

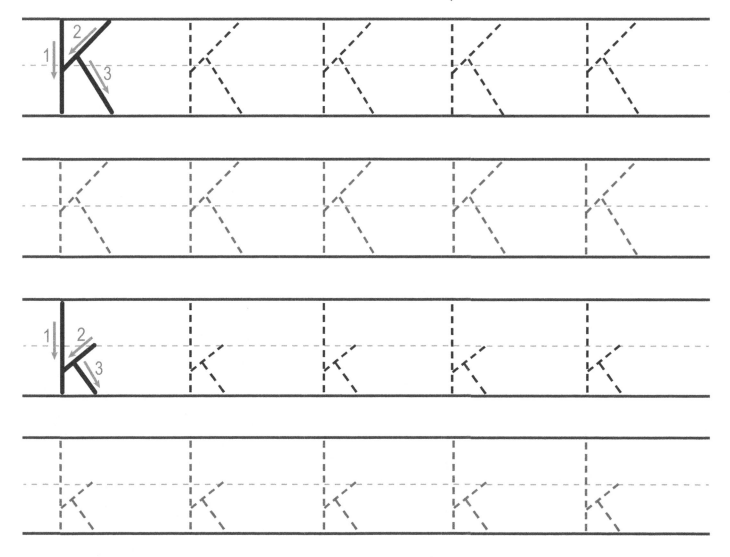

K K K K K

K K K K K

K K K K K

K K K K K

K K K K K

k k k k k

k k k k k

k k k k k

k k k k k

k k k k k

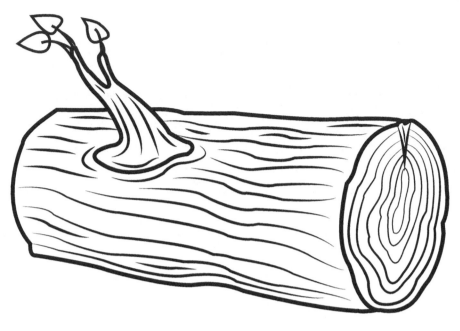

L is for Log

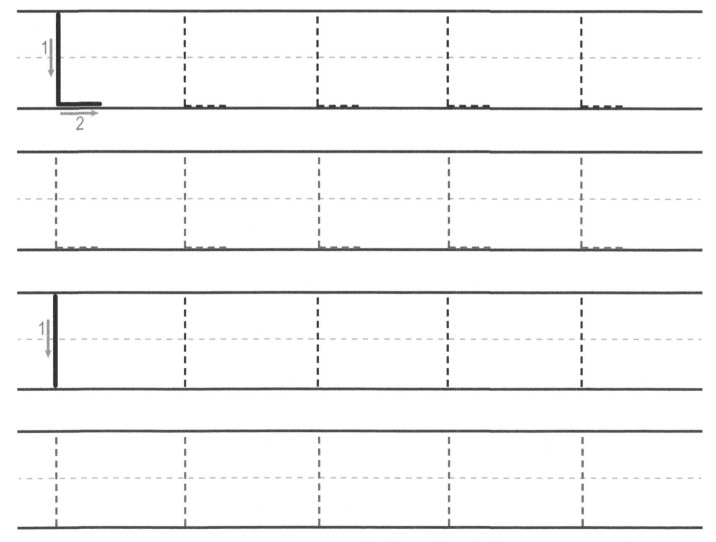

a b c d e f g h i j k l m n o p q r s t u v w x y z

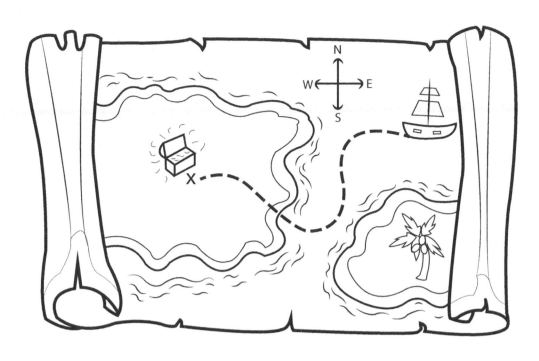

M is for Map

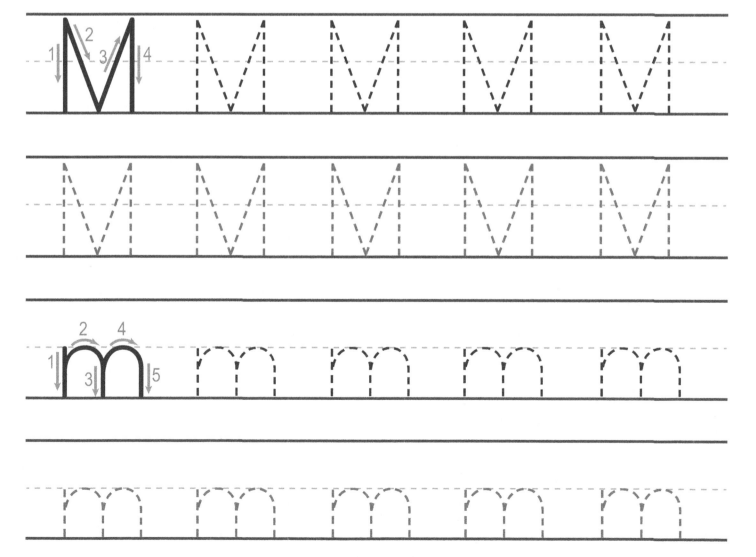

M M M M M M

M M M M M M

M M M M M M

M M M M M M

M M M M M M

A B C D E F G H I J K L M N O P Q R S T U V W X Y Z

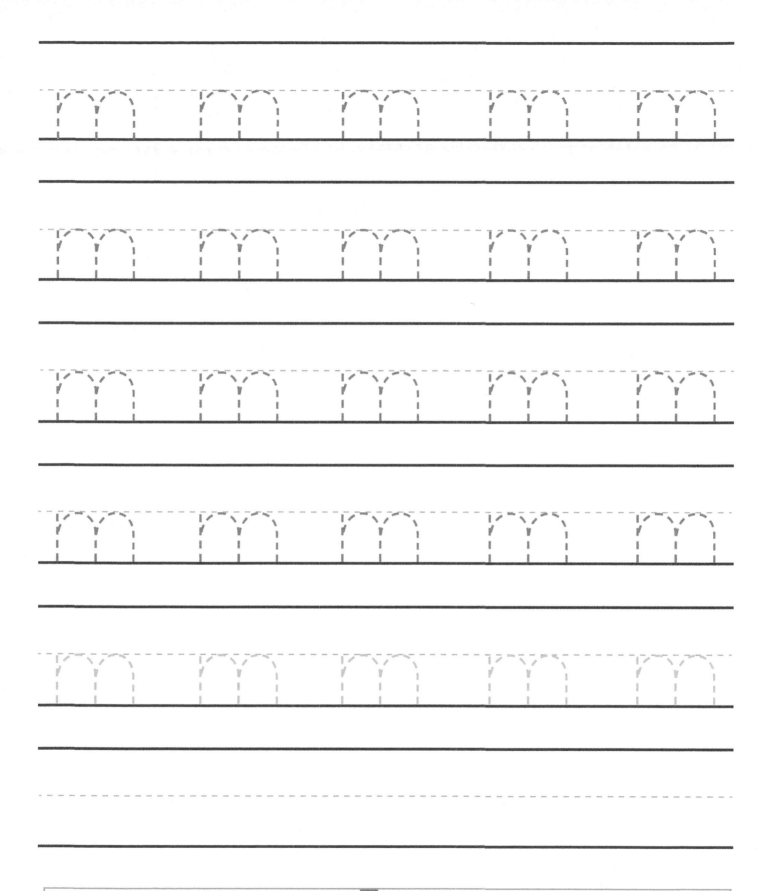

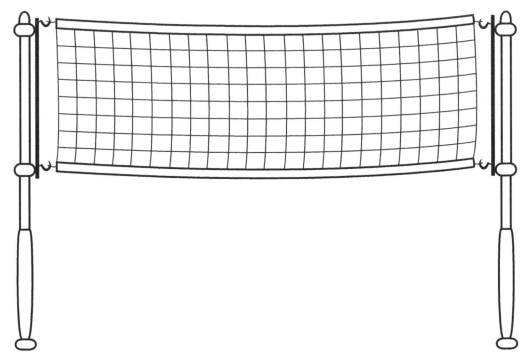

N is for Net

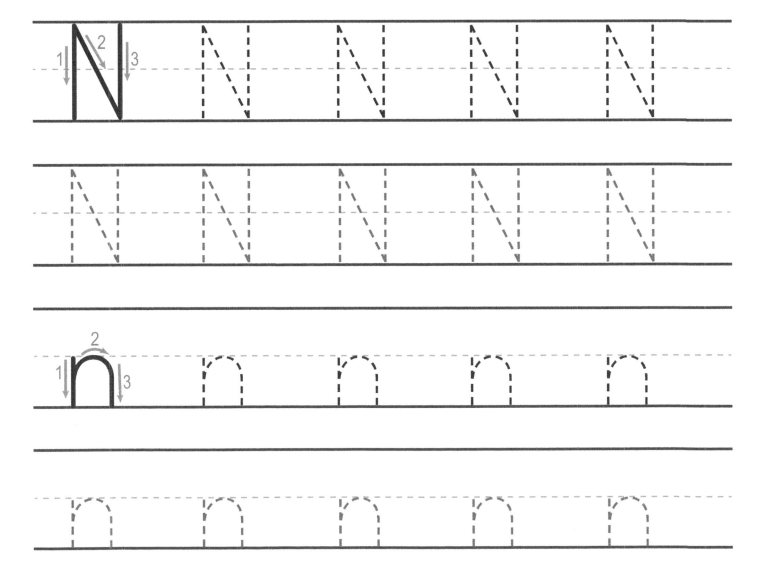

N N N N N

N N N N N

N N N N N

N N N N N

N N N N N

A B C D E F G H I J K L M N O P Q R S T U V W X Y Z

45

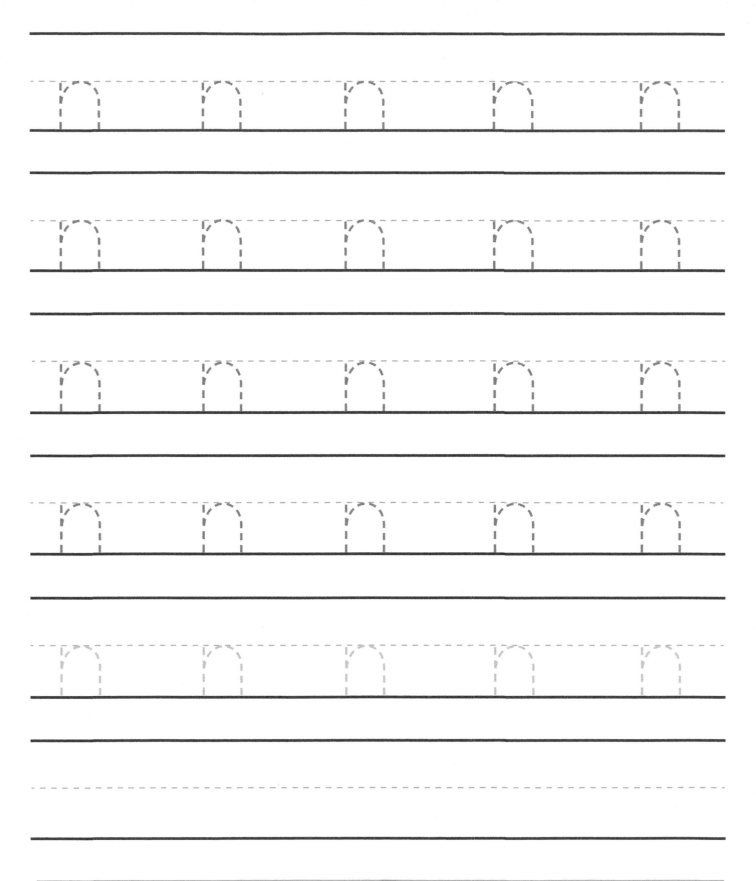

a b c d e f g h i j k l m **n** o p q r s t u v w x y z

O is for Owl

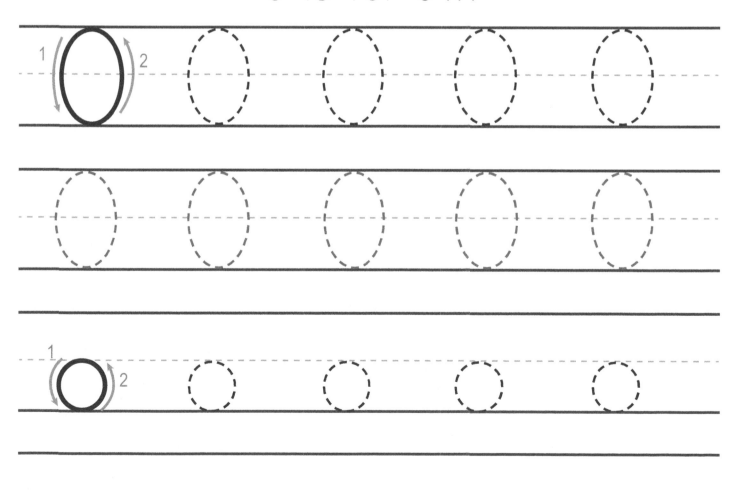

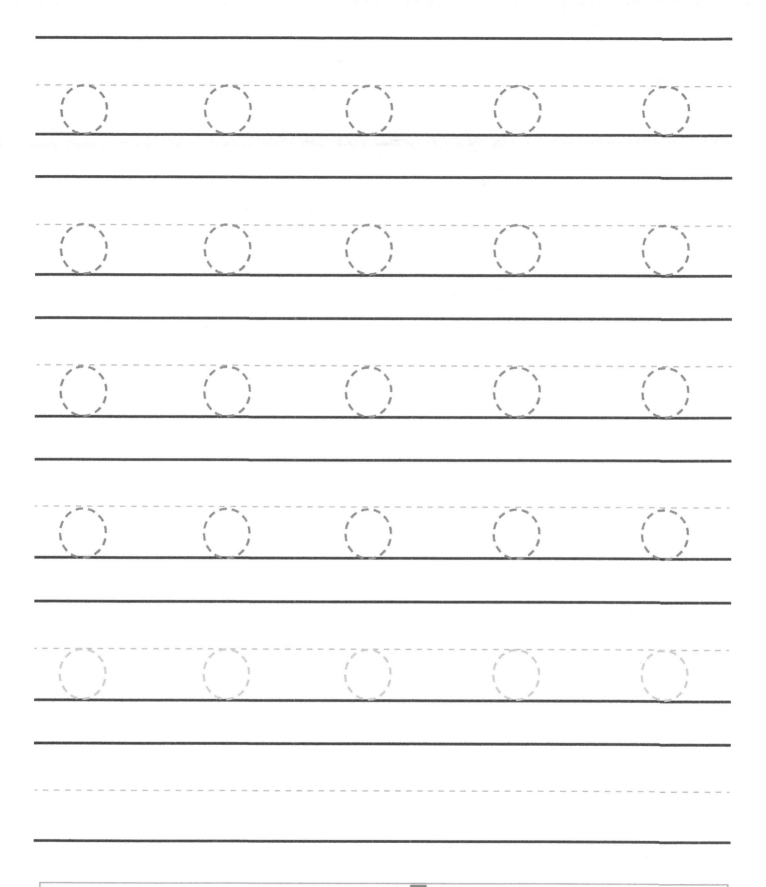

P is for Pig

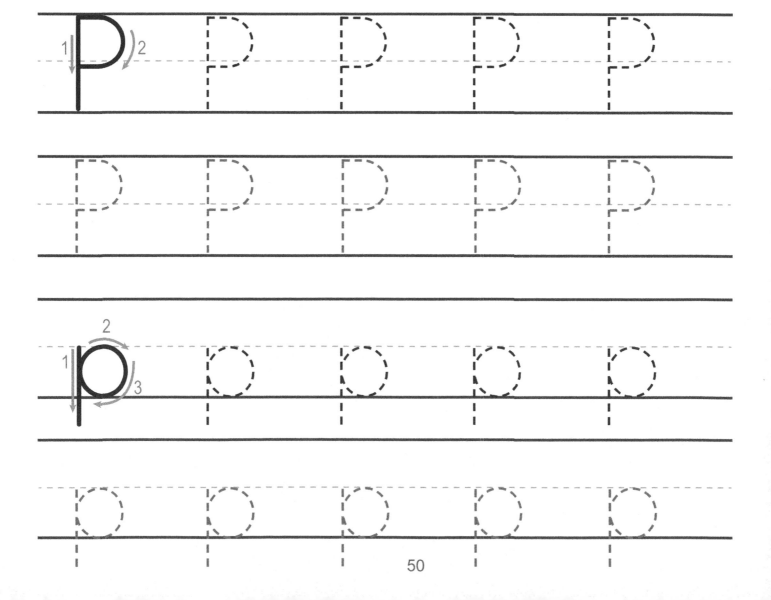

P P P P P

P P P P P

P P P P P

P P P P P

P P P P P

A B C D E F G H I J K L M N O P Q R S T U V W X Y Z

51

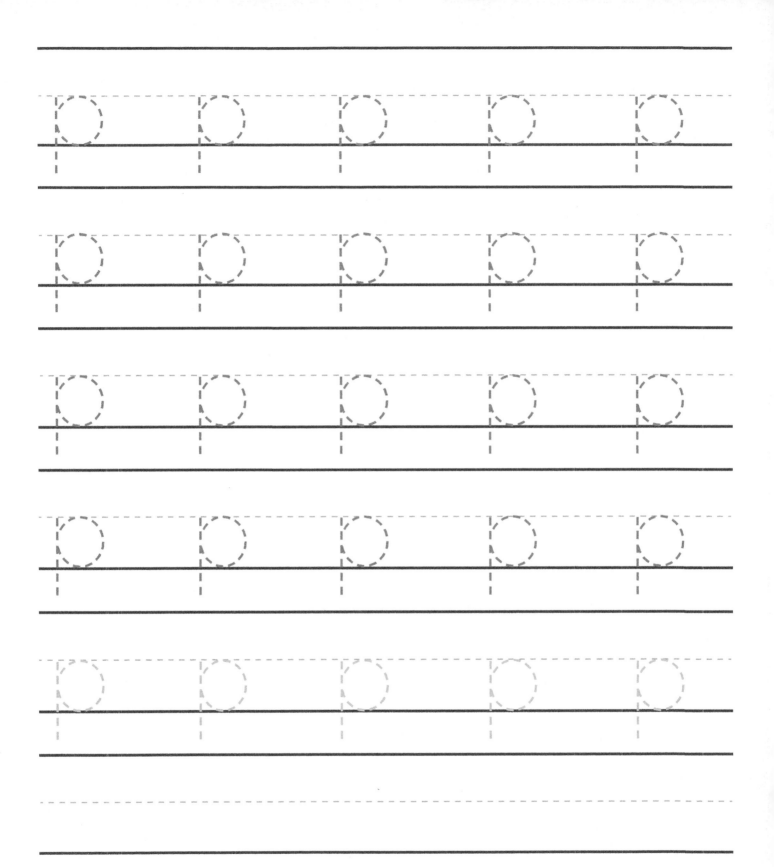

Q is for Quail

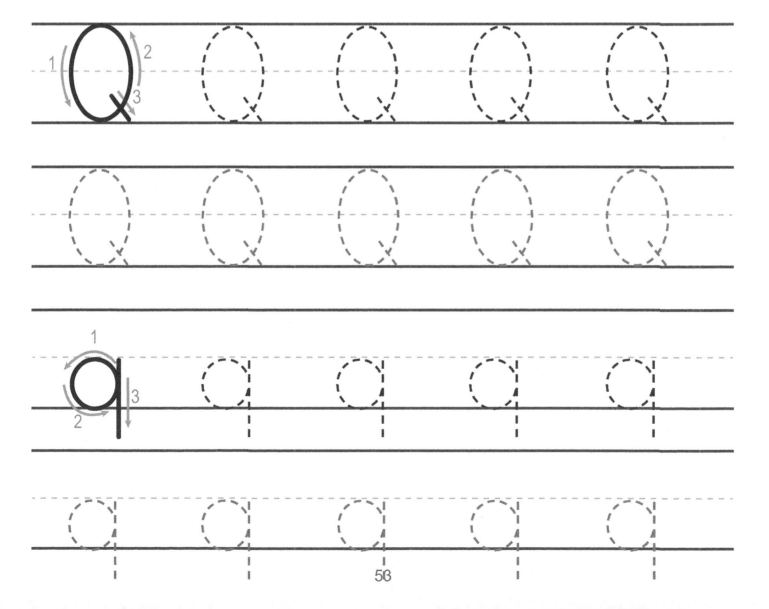

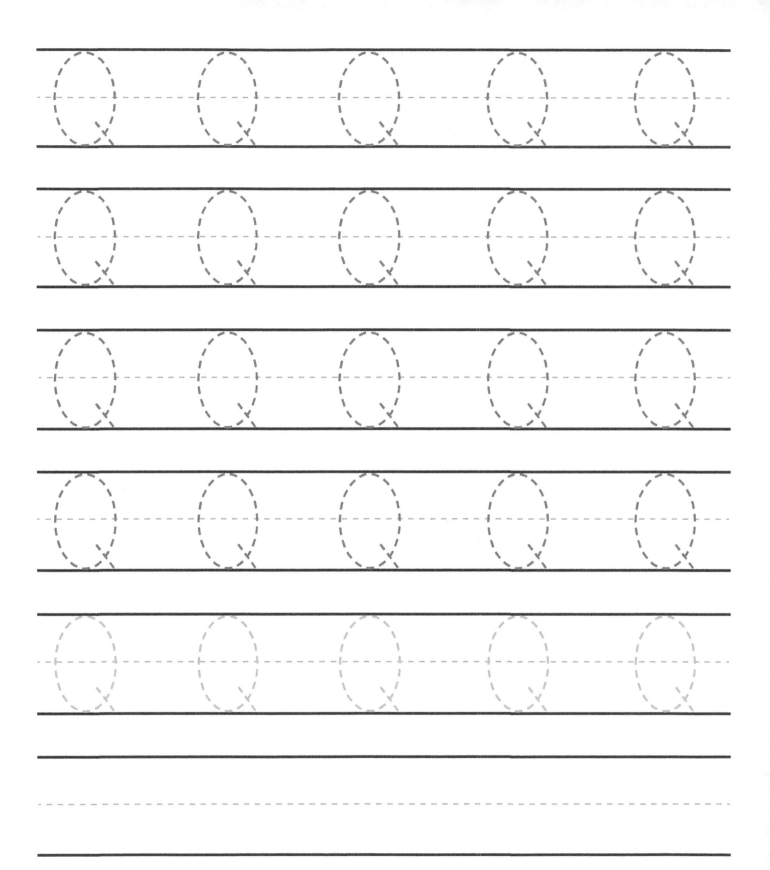

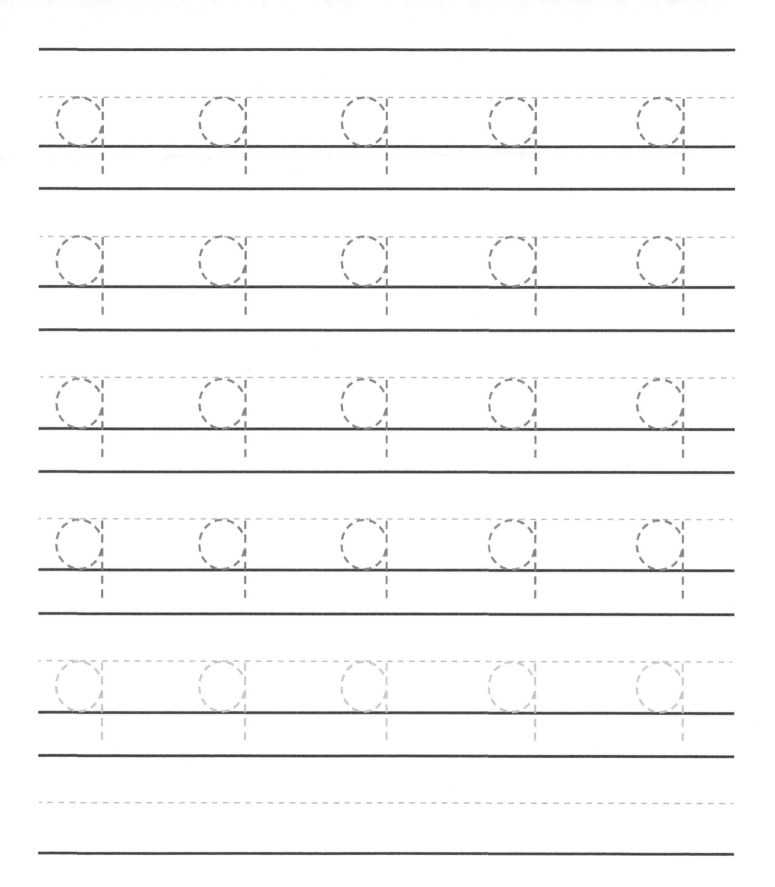

a b c d e f g h i j k l m n o p **q** r s t u v w x y z

R is for Rug

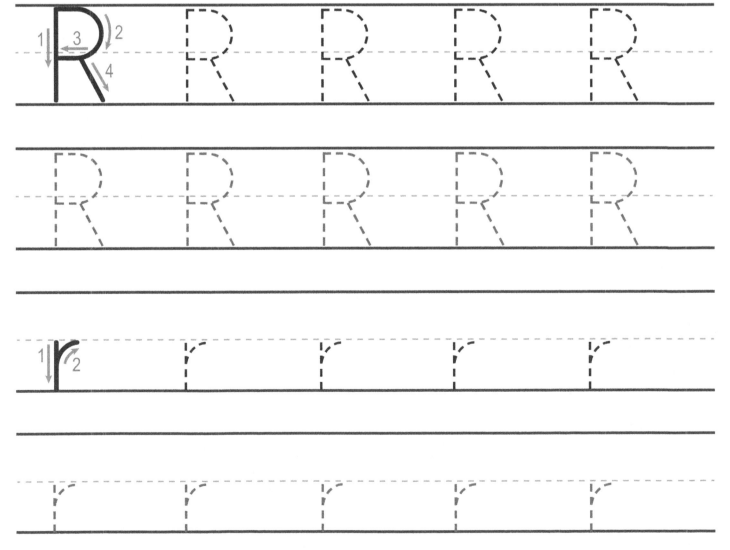

R R R R R

R R R R R

R R R R R

R R R R R

R R R R R

A B C D E F G H I J K L M N O P Q **R** S T U V W X Y Z

S is for Sun

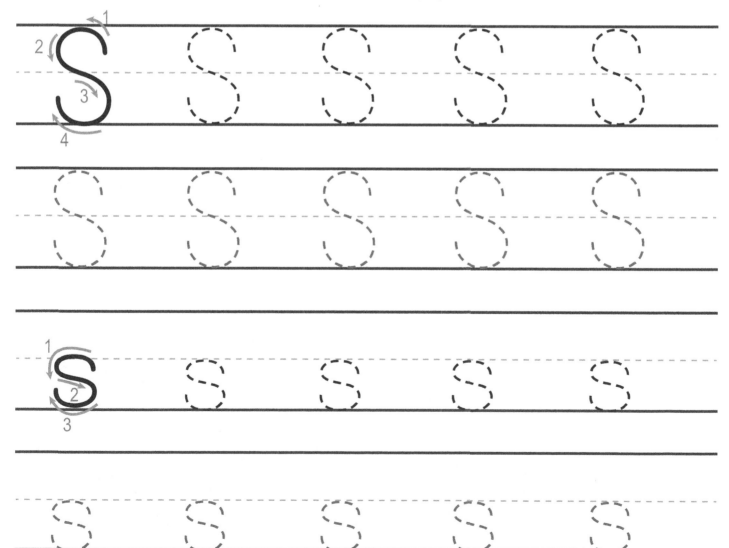

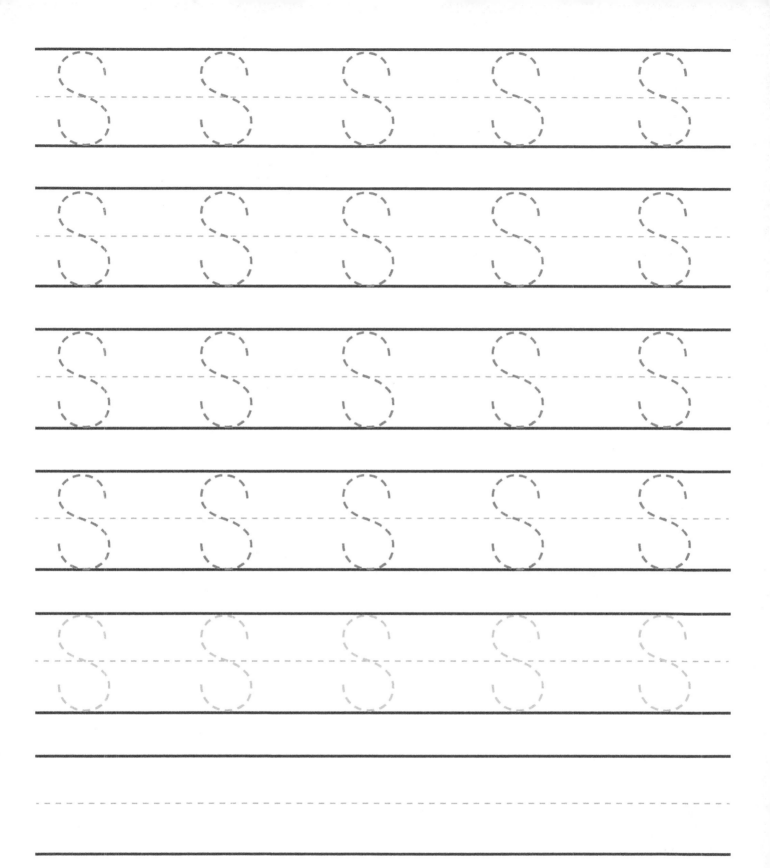

ABCDEFGHIJKLMNOPQR **S** TUVWXYZ

S S S S S

S S S S S

S S S S S

S S S S S

S S S S S

a b c d e f g h i j k l m n o p q r **S** t u v w x y z

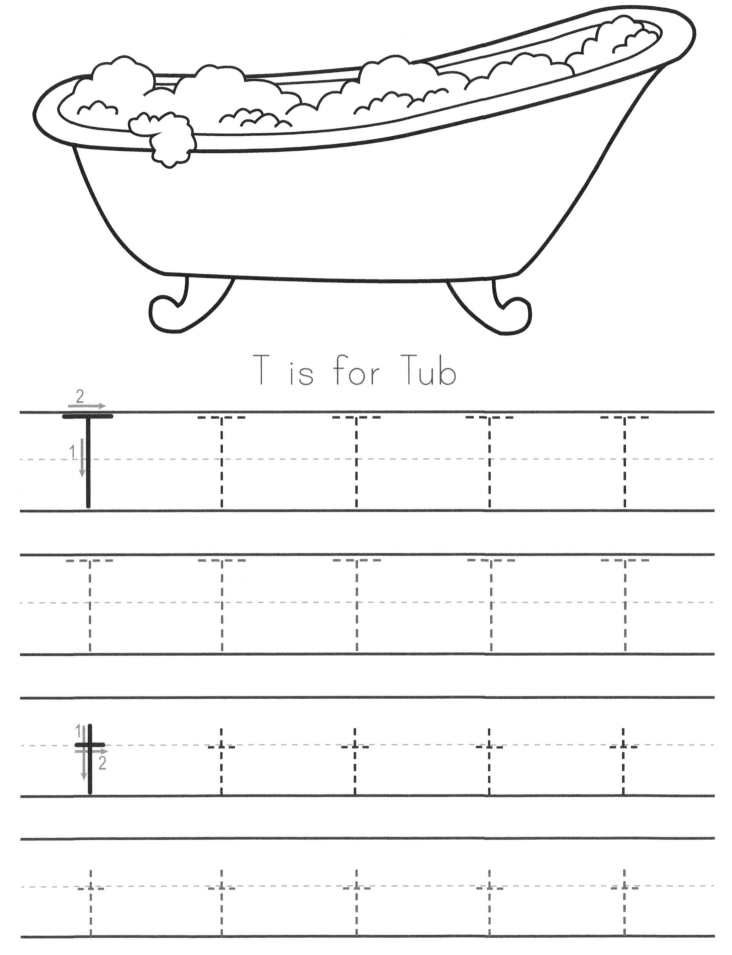

T is for Tub

A B C D E F G H I J K L M N O P Q R S **T** U V W X Y Z

63

t t t t t

t t t t t

t t t t t

t t t t t

t t t t t

U is for Umbrella

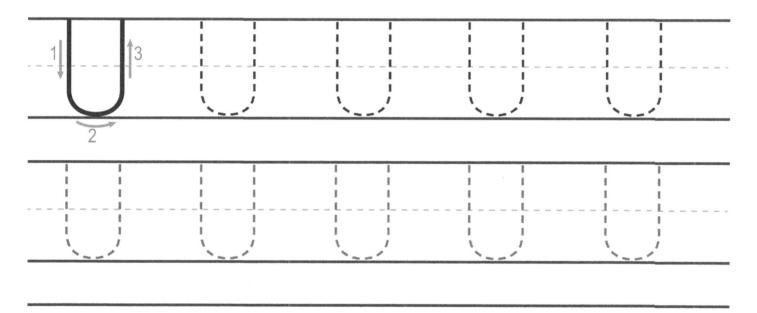

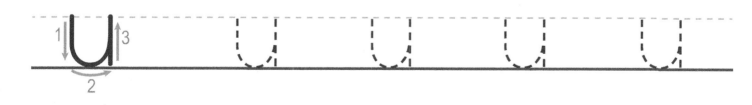

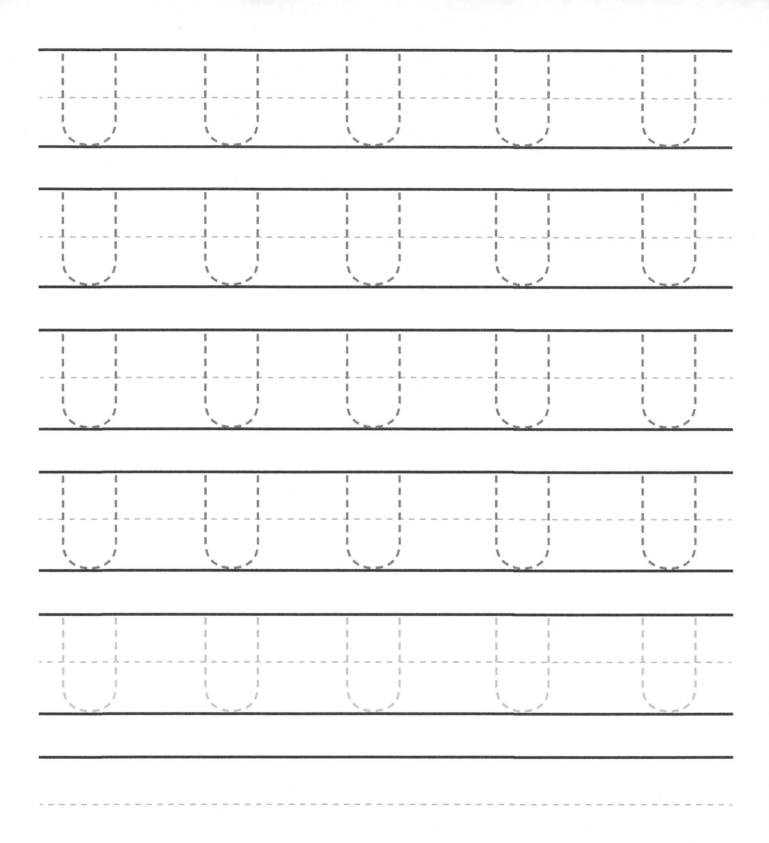

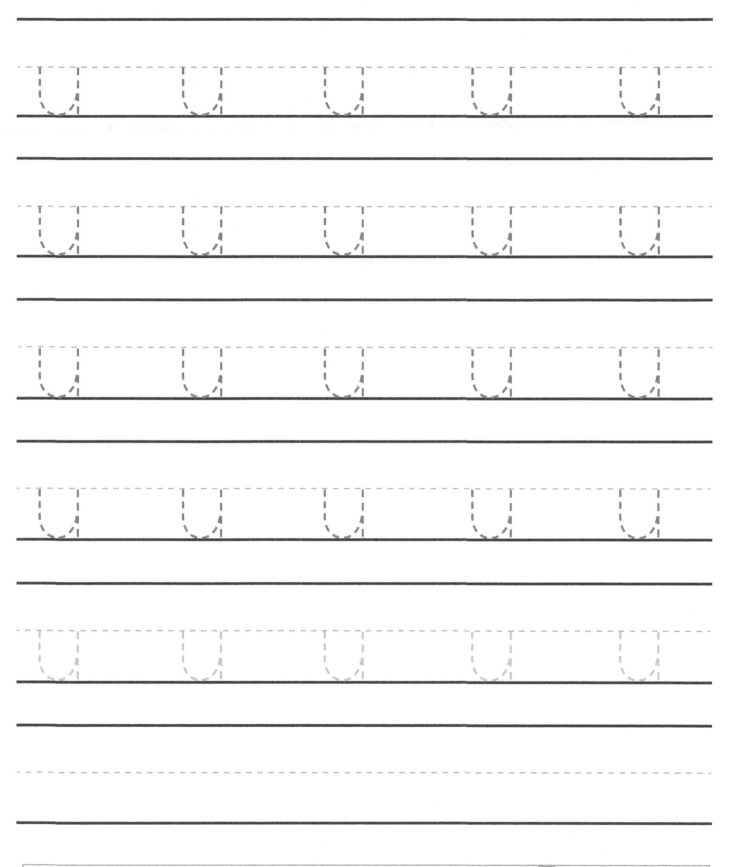

a b c d e f g h i j k l m n o p q r s t **u** v w x y z

V is for Van

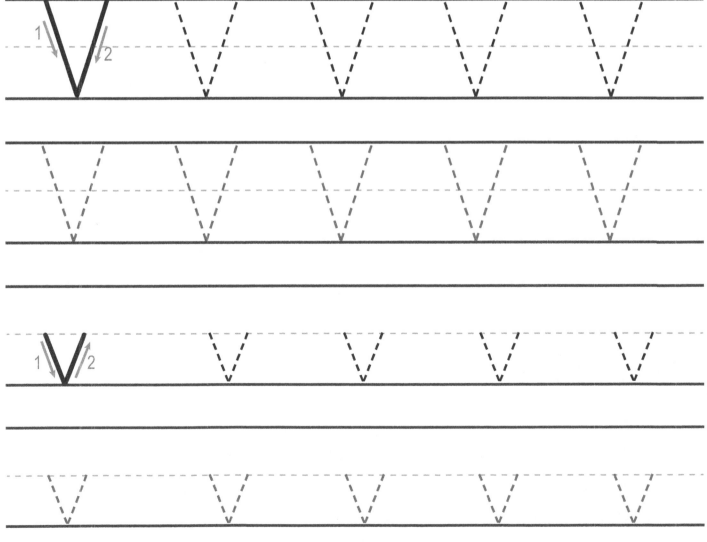

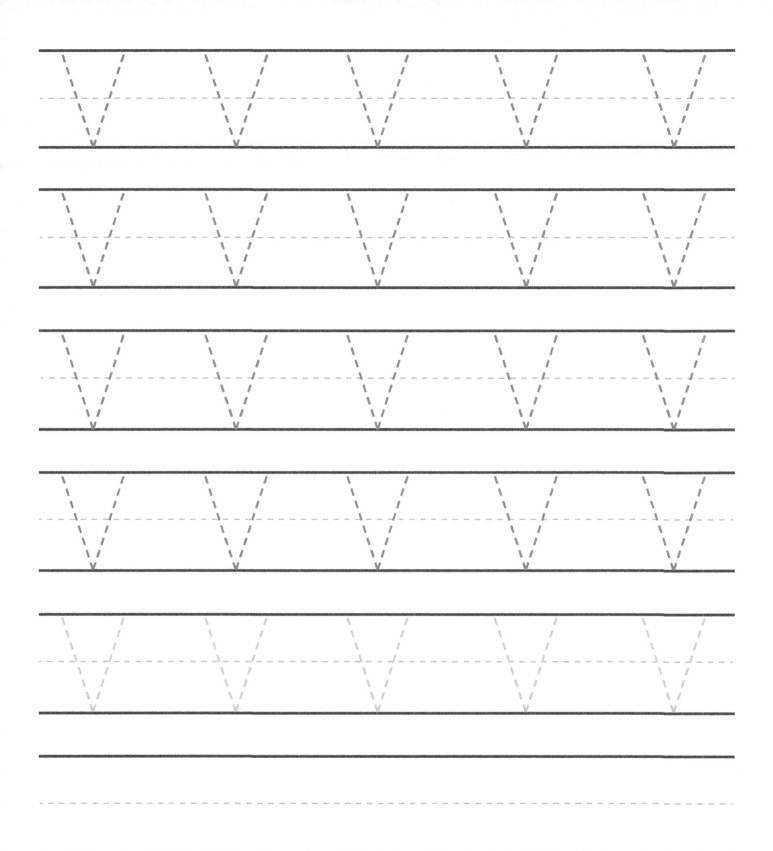

ABCDEFGHIJKLMNOPQRSTU**V**WXYZ

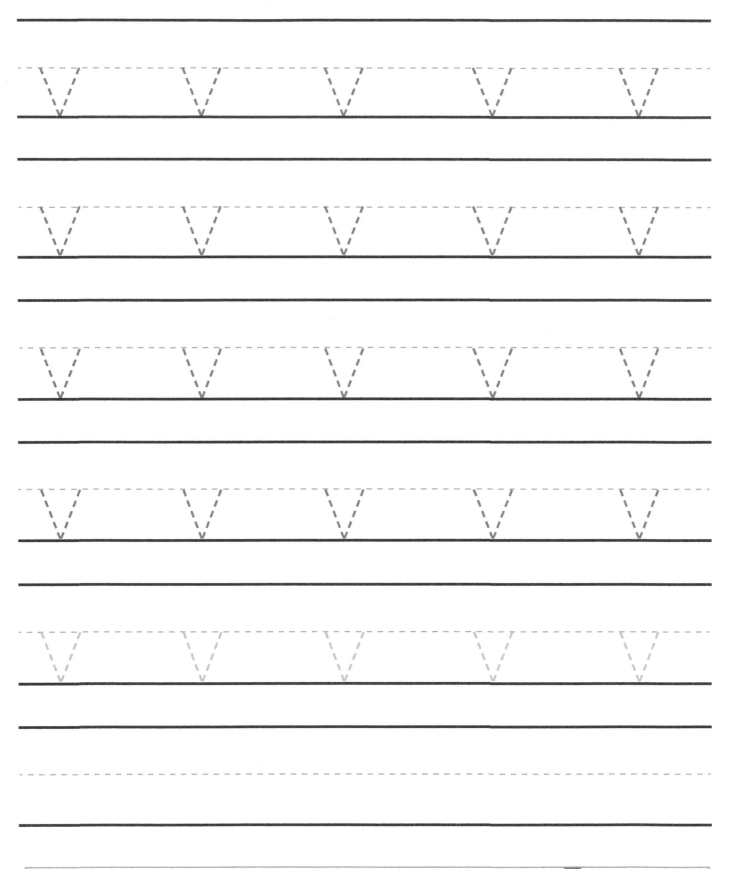

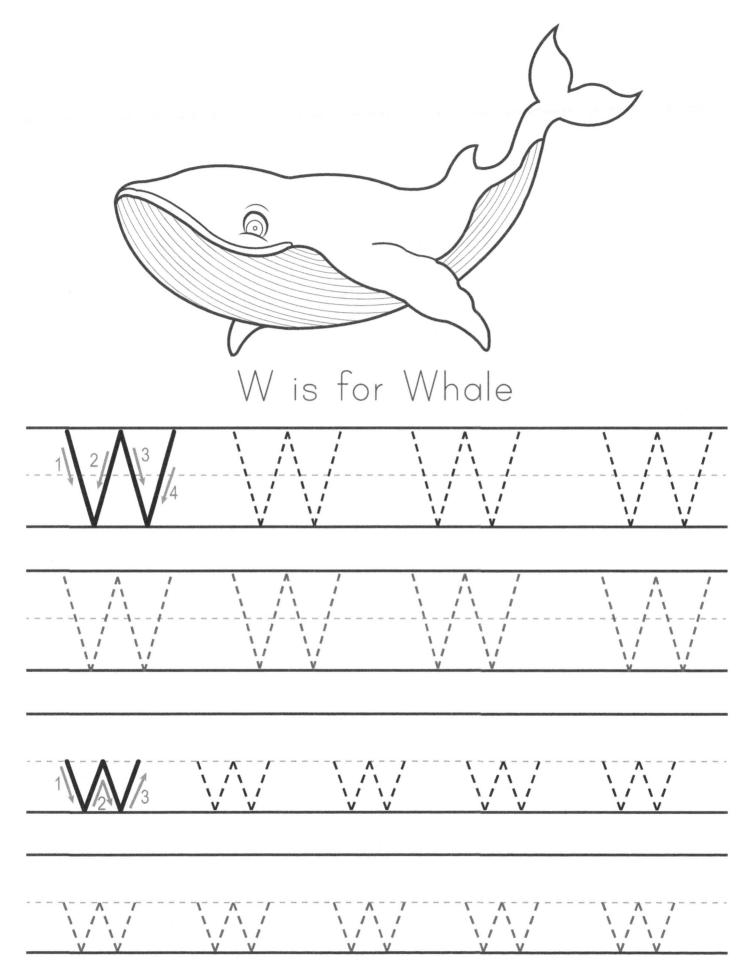

W is for Whale

A B C D E F G H I J K L M N O P Q R S T U V W X Y Z

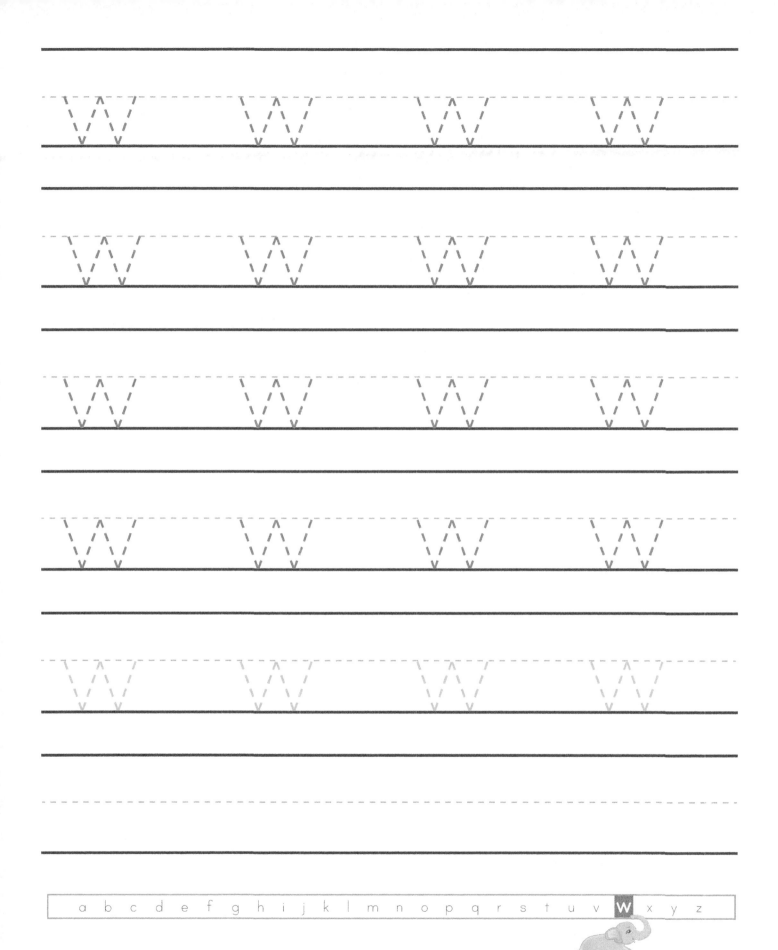

a b c d e f g h i j k l m n o p q r s t u v **W** x y z

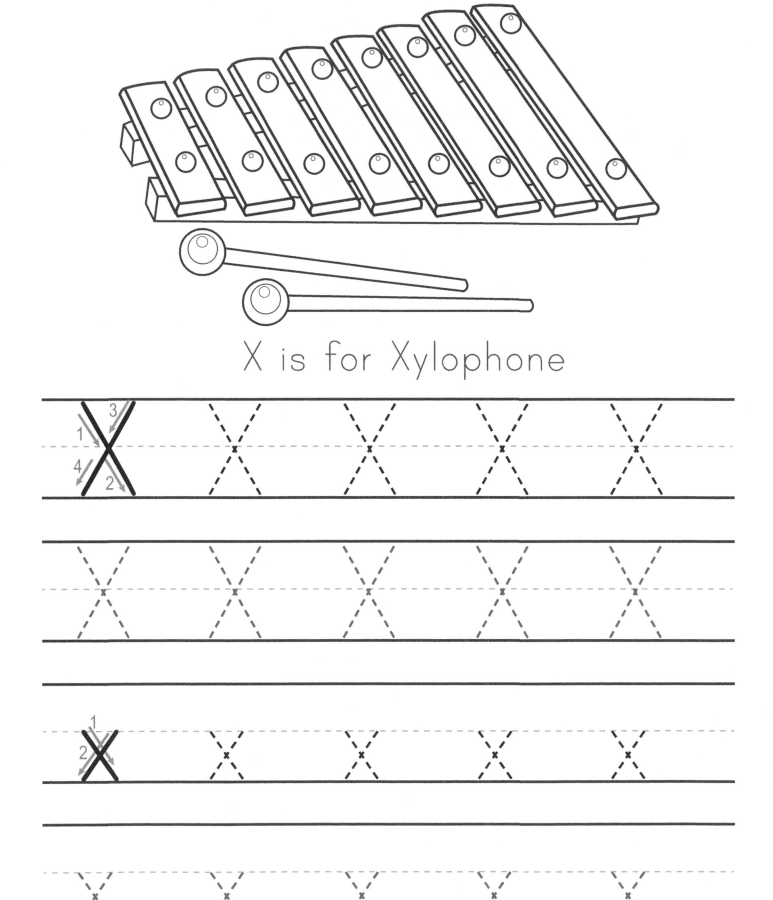

X is for Xylophone

ABCDEFGHIJKLMNOPQRSTUVW X YZ

Y is for Yak

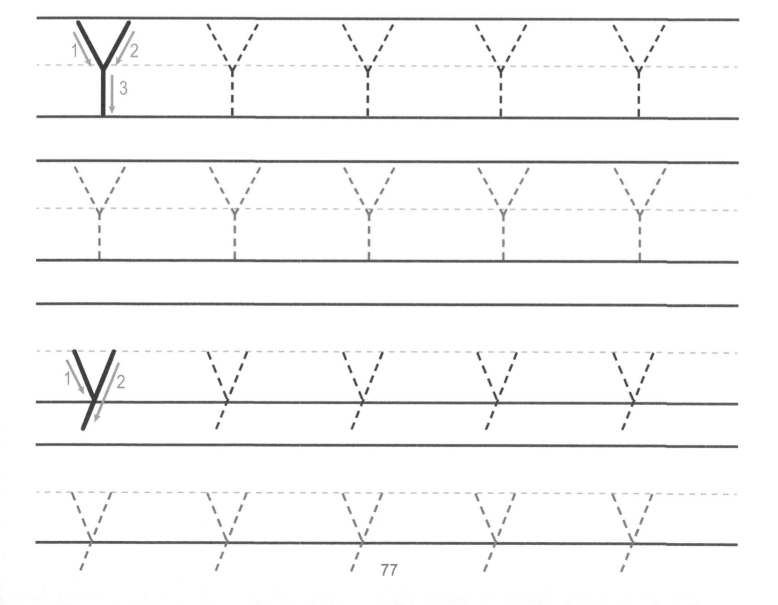

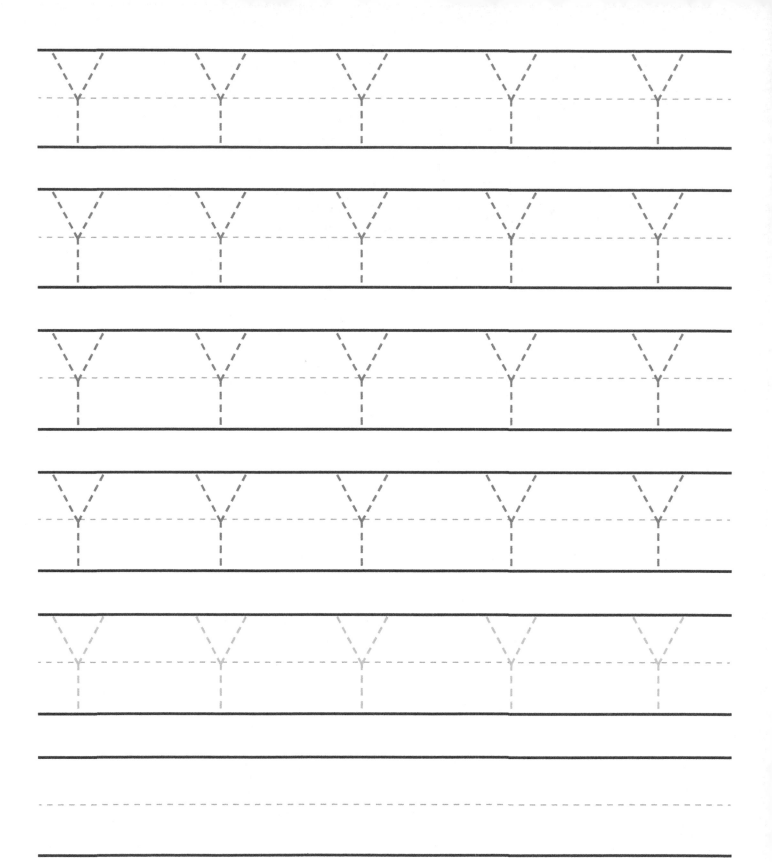

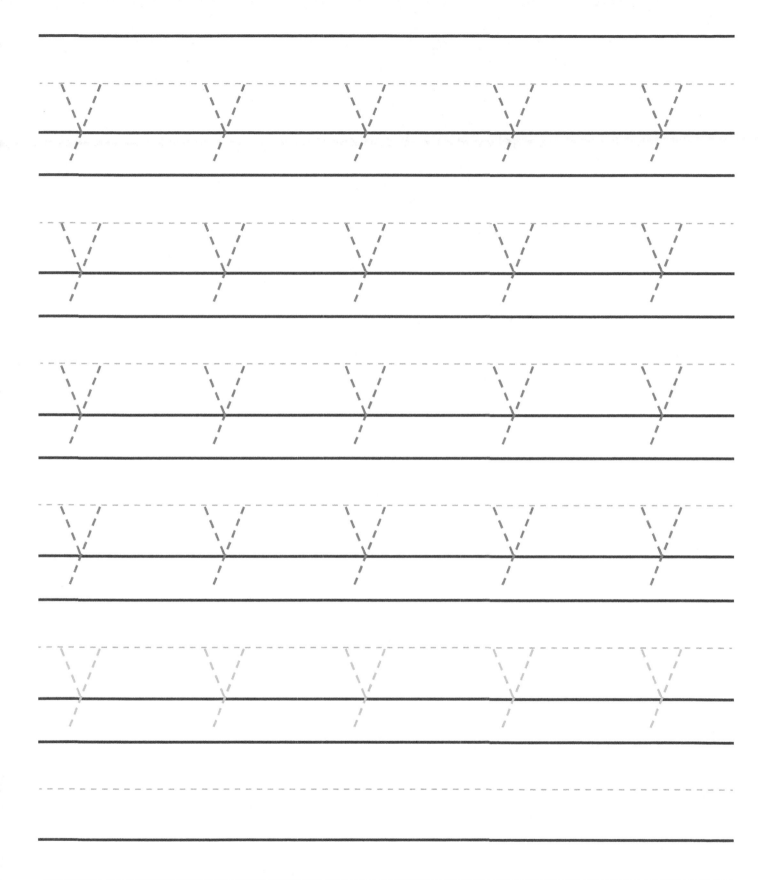

Z is for Zebra

Z

Z

A B C D E F G H I J K L M N O P Q R S T U V W X Y Z

Z Z Z Z Z

Z Z Z Z Z

Z Z Z Z Z

Z Z Z Z Z

Z Z Z Z Z

a b c d e f g h i j k l m n o p q r s t u v w x y **z**

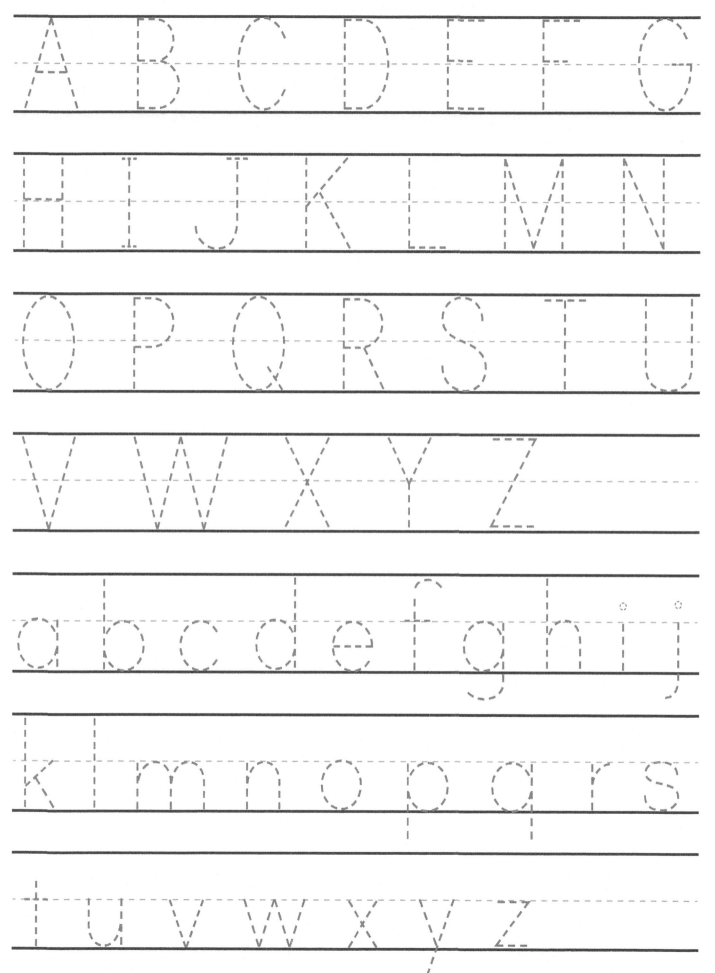

A B C D E F G

H I J K L M N

O P Q R S T U

V W X Y Z

a b c d e f g h i j

k l m n o p q r s

t u v w x y z

83

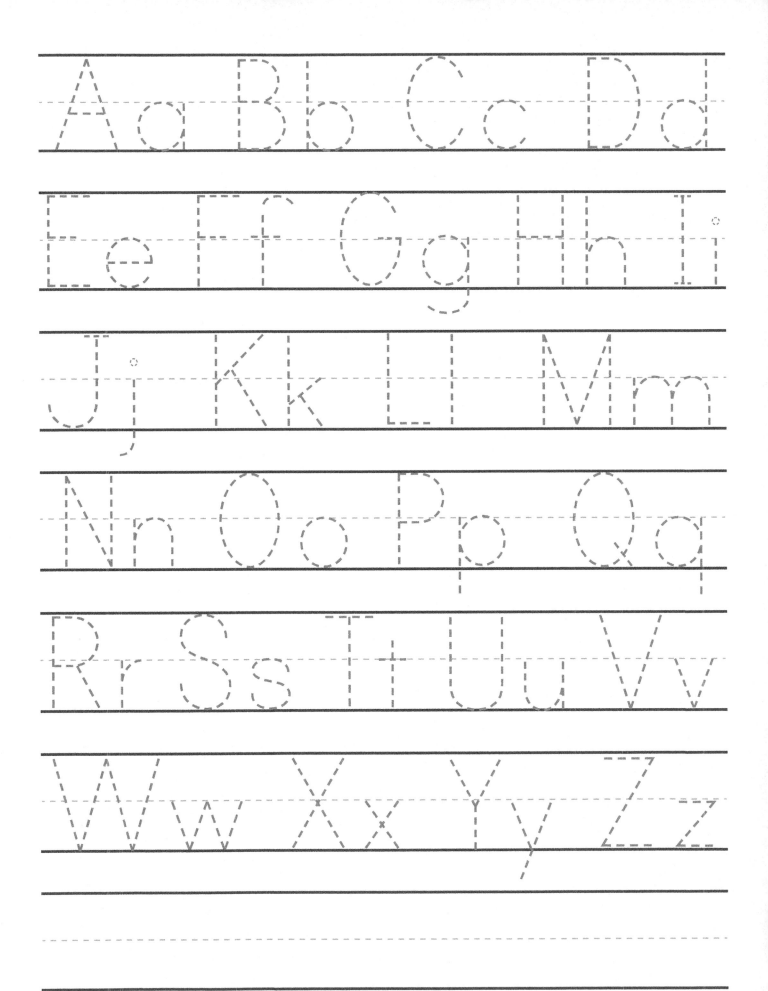

Part 2:

Writing Words

Trace and write the words.
Read the words aloud as you write.

You are
AMAZING!

am am am

am

and and and

and

be be be

be

Write your own words here:

boy boy boy

boy

can can can

can

cap cap cap

cap

Write your own words here:

do do do

do

did did did

did

ear ear ear

ear

Write your own words here:

eye eye eye

eye

few few few

few

for for for

for

Write your own words here:

get get get

get

gum gum gum

gum

hat hat hat

hat

Write your own words here:

hen hen hen

hen

it it it

it

ink ink ink

ink

Write your own words here:

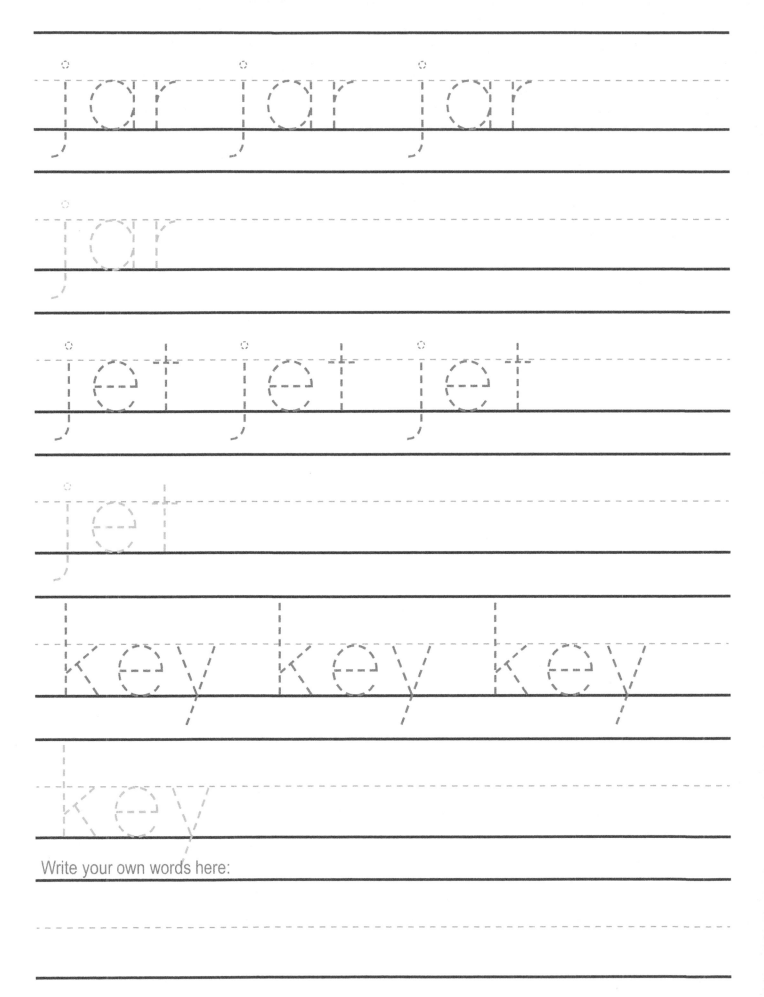

jar jar jar

jar

jet jet jet

jet

key key key

key

Write your own words here:

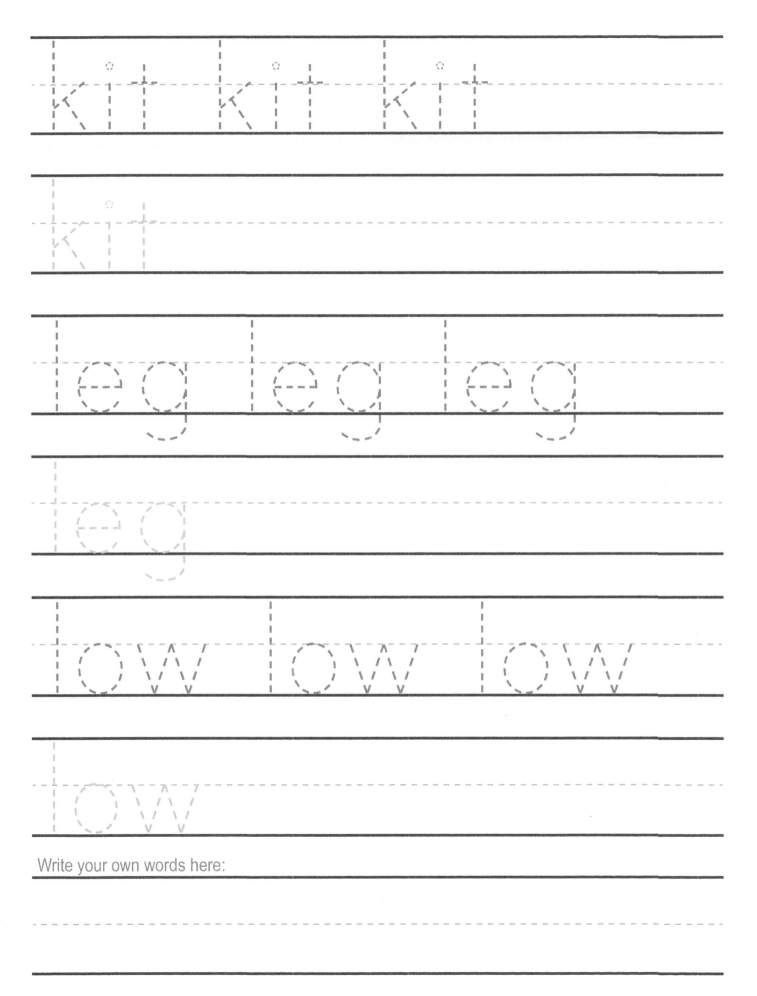

kit kit kit

kit

leg leg leg

leg

low low low

low

Write your own words here:

mat mat mat

mat

man man man

man

no no no

no

Write your own words here:

net net net

net

on on on

on

our our our

our

Write your own words here:

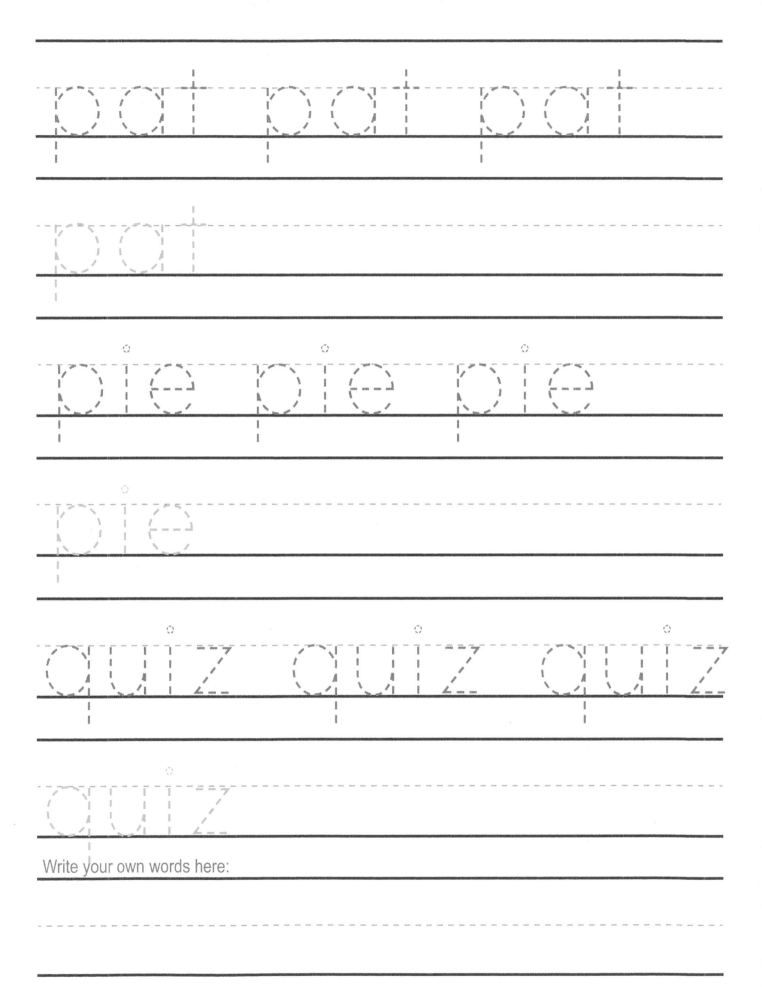

pat pat pat

pat

pie pie pie

pie

quiz quiz quiz

quiz

Write your own words here:

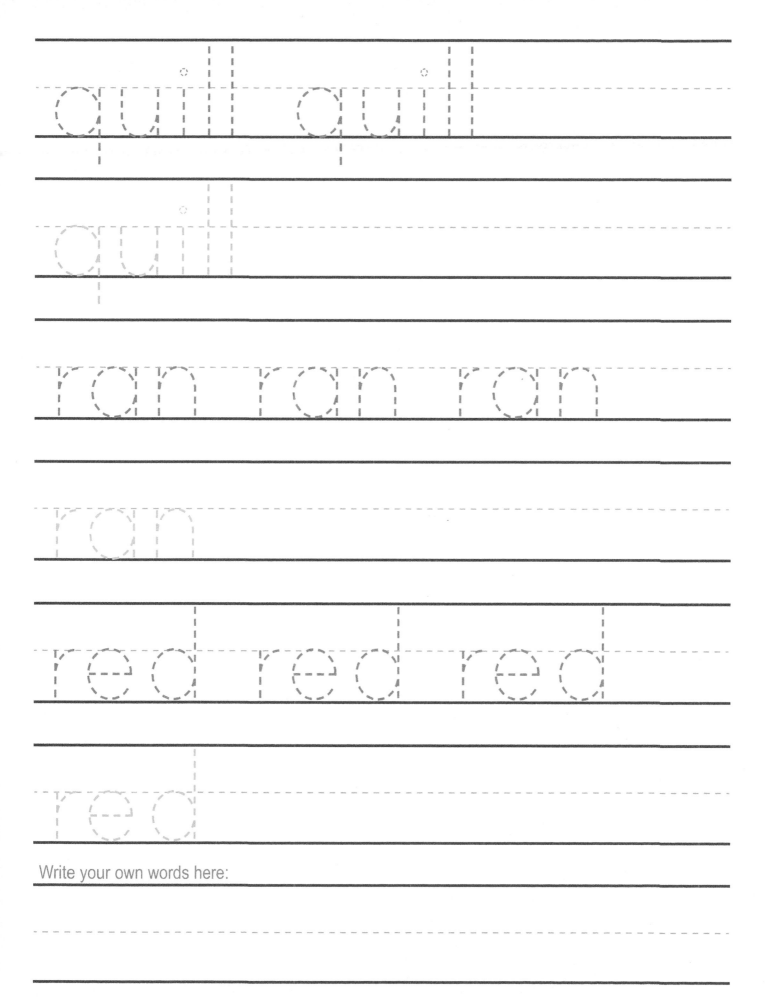

quill quill
quill

ran ran ran
ran

red red red
red

Write your own words here:

say say say

say

sit sit sit

sit

toe toe toe

toe

Write your own words here:

tin tin tin

tin

use use use

use

unit unit unit

unit

Write your own words here:

van van van

van

vet vet vet

vet

who who who

who

Write your own words here:

why why why

why

xmas xmas

xmas

yes yes yes

yes

Write your own words here:

you you you

you

zip zip zip

zip

zoo zoo zoo

zoo

Write your own words here:

Part 3:

Simple Sentences

Trace the sentences and practice writing them in the remaining space!
Try writing your own sentences on the blank practice pages.

Great Going!

I can write.

Copy the sentence

I like to play.

Copy the sentence

I love my cat.

Copy the sentence

Write your own sentence here:

The box is red.

Copy the sentence

He is sleepy.

Copy the sentence

She is happy.

Copy the sentence

Write your own sentence here:

My name is

Complete the sentences:

I am   years

old.

I like to

Write your own sentence below

Write your own sentences below:

Part 4:
BONUS SECTION

Numbers & Number Words

Trace the numbers (1-20) and number words and practice writing them in the remaining space! Color the pictures.

1
one

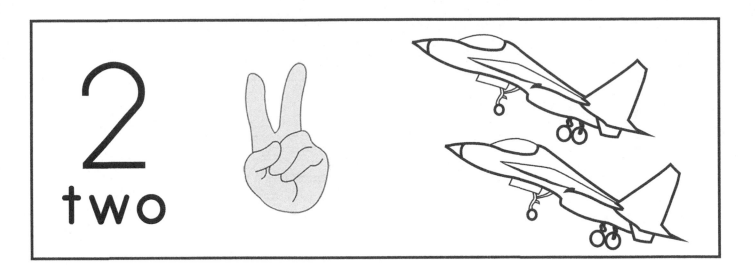

2
two

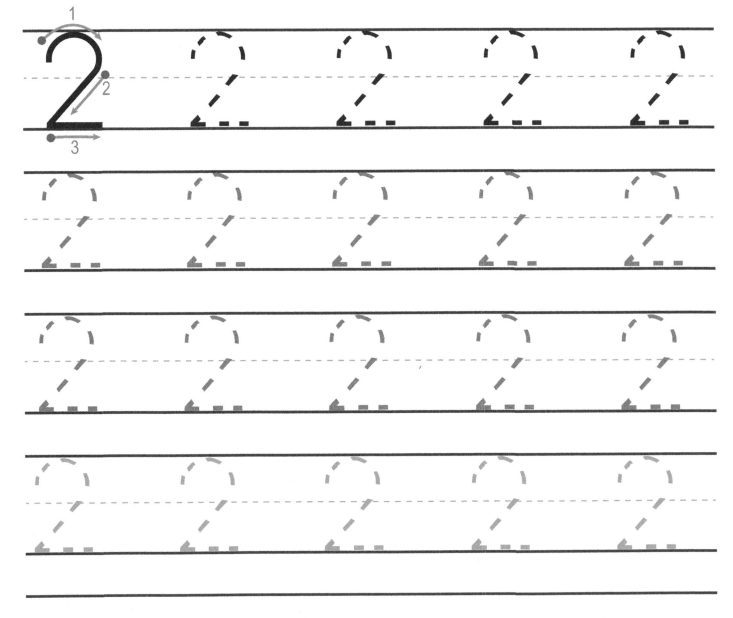

3
three

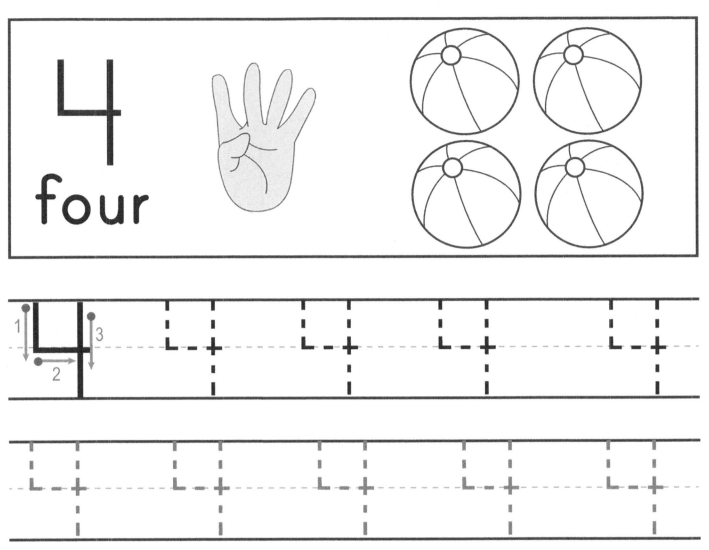

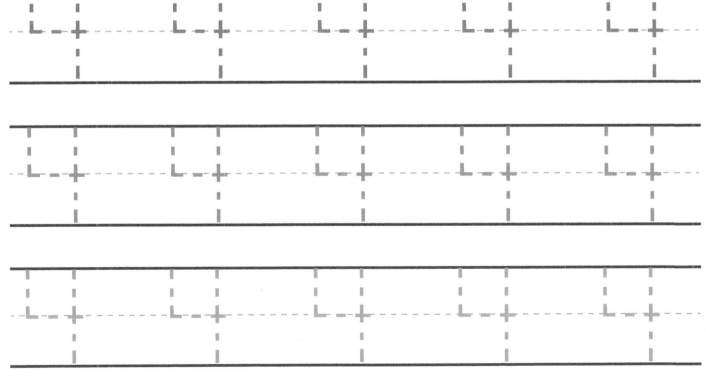

5
five

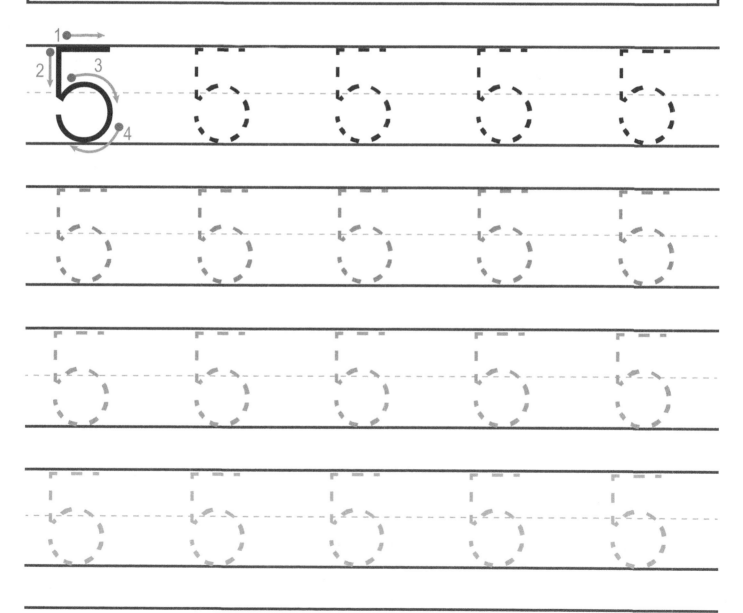

6
six

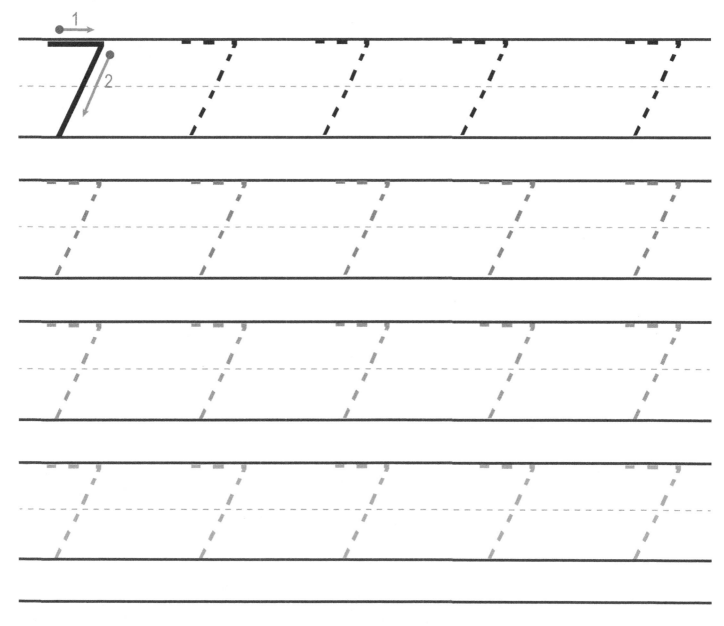

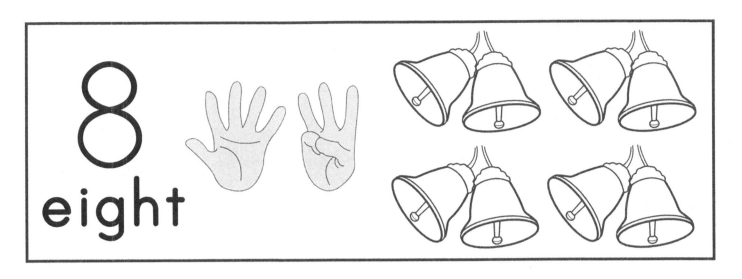

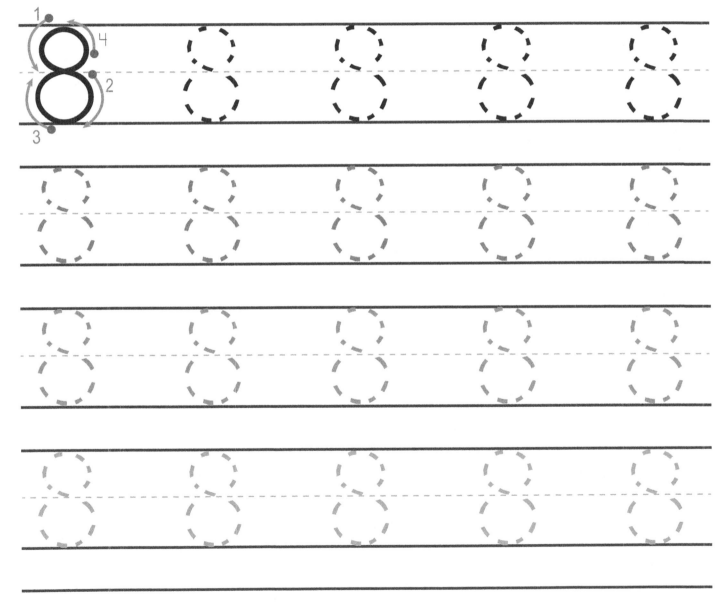

nine

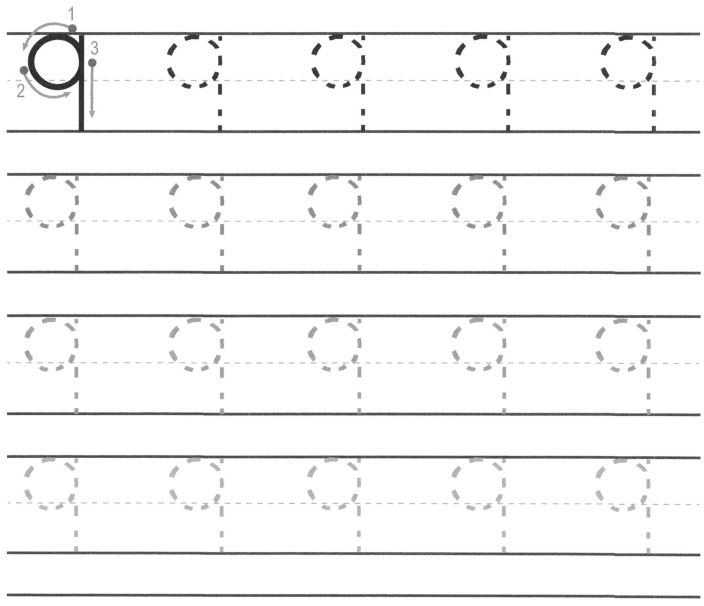

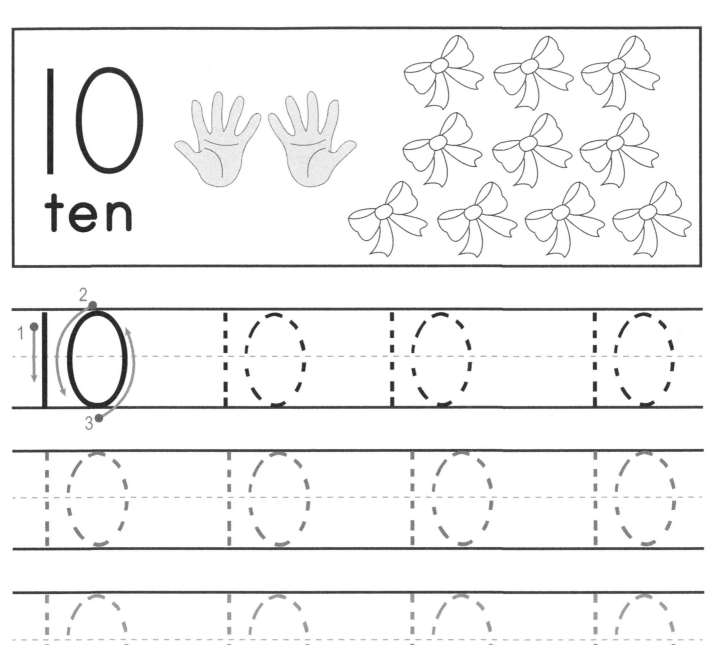

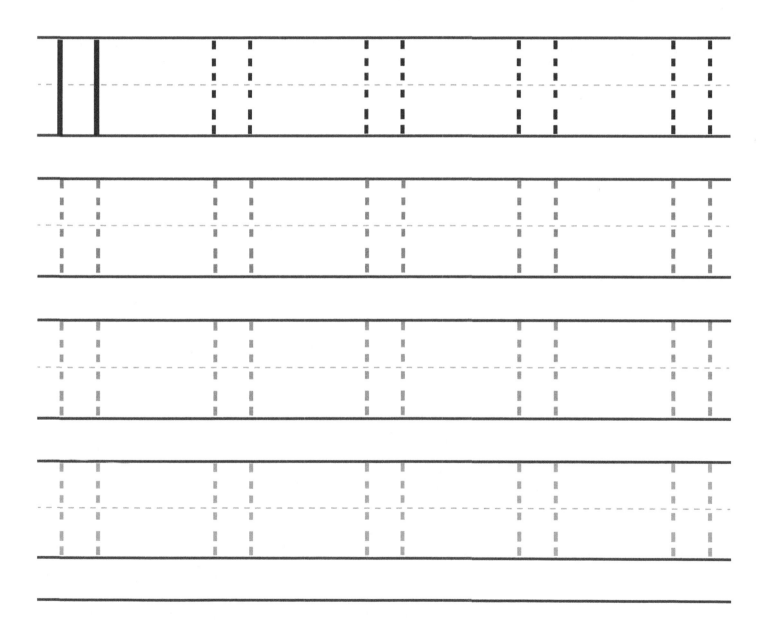

11
eleven

12
twelve

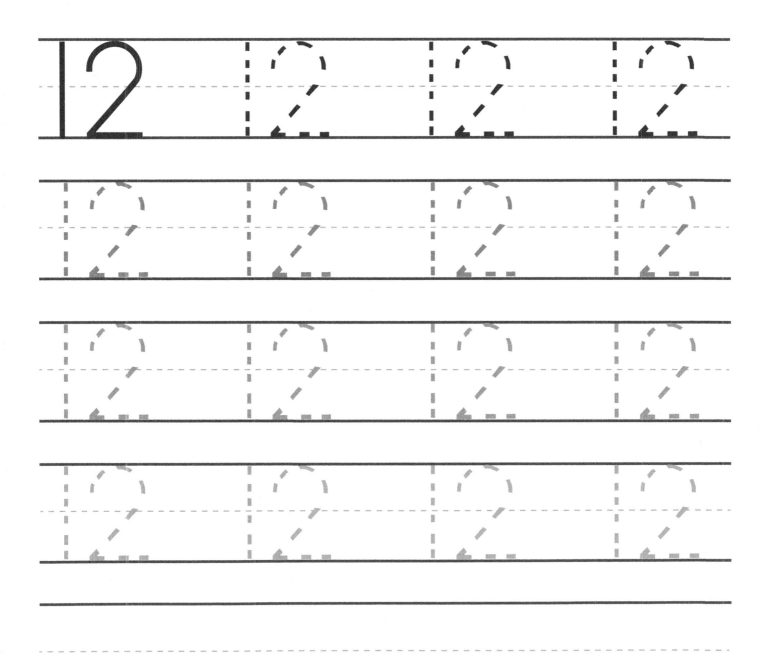

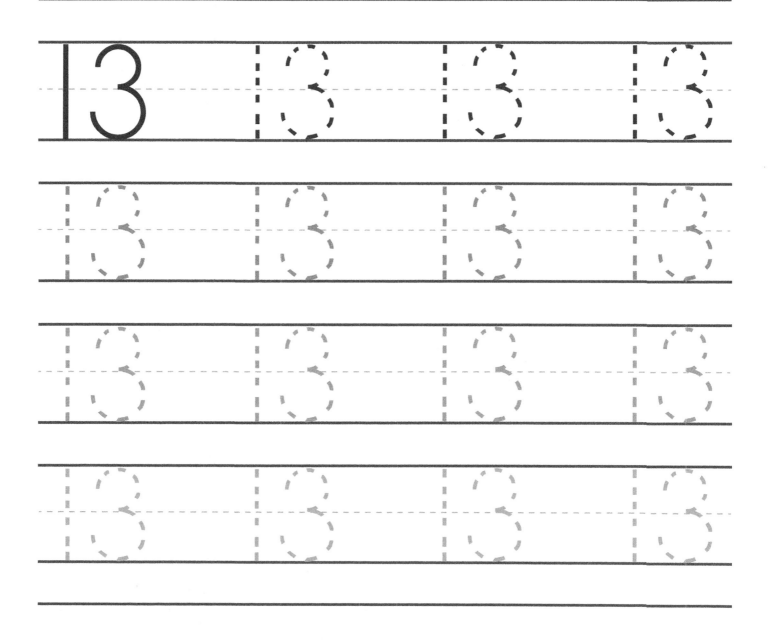

13
thirteen

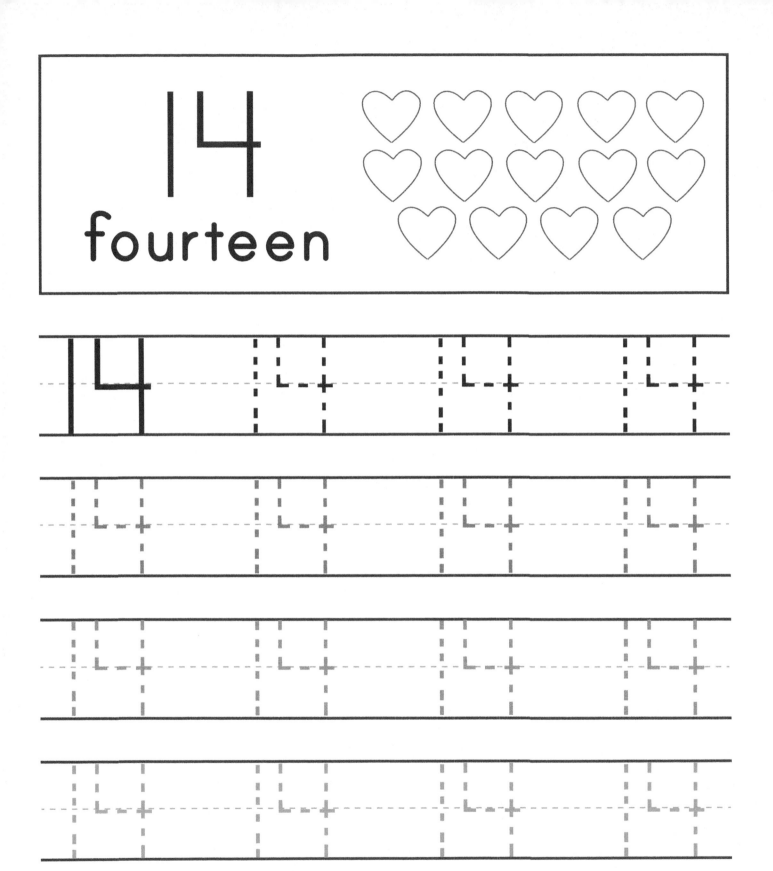

14

fourteen

15
fifteen

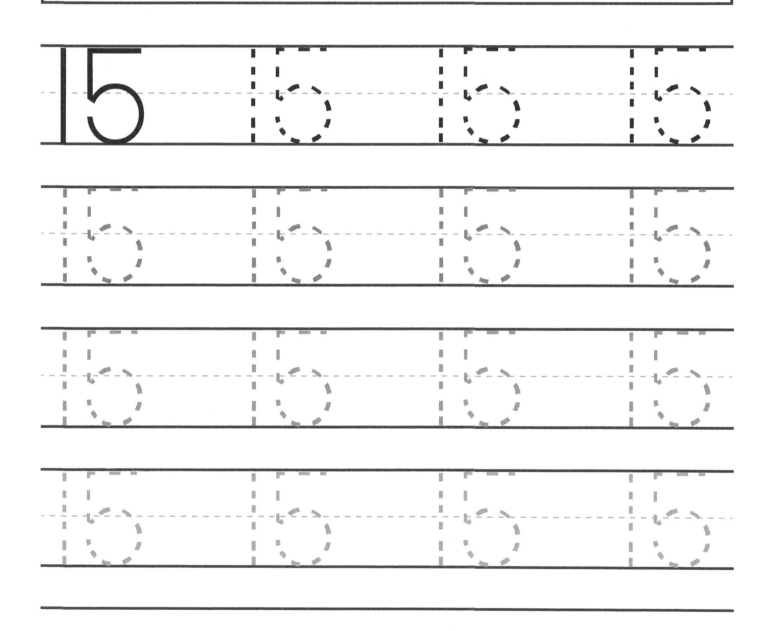

16
sixteen

16

17
seventeen

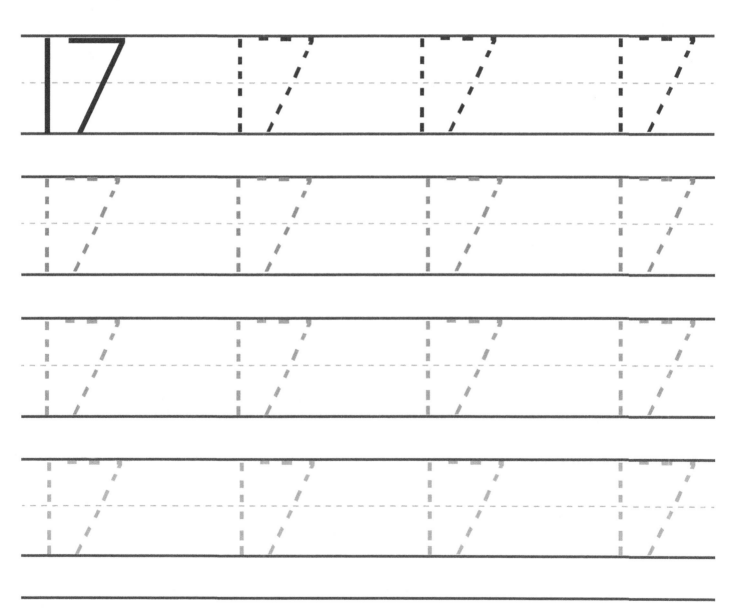

18
eighteen

18

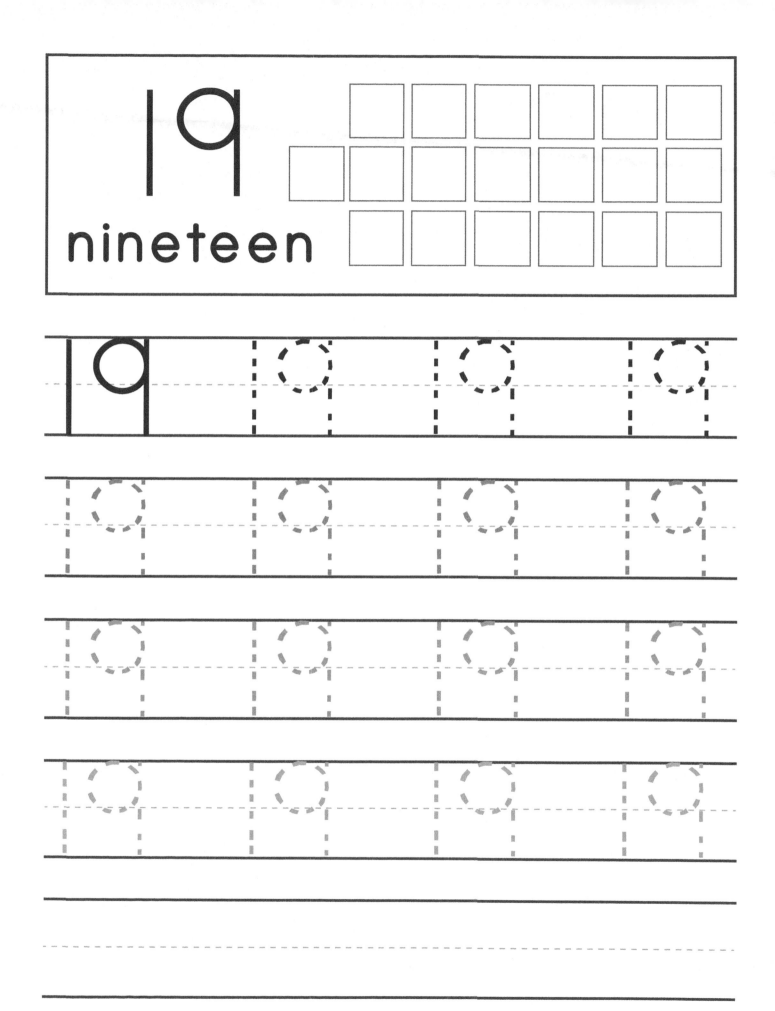

nineteen

20
twenty

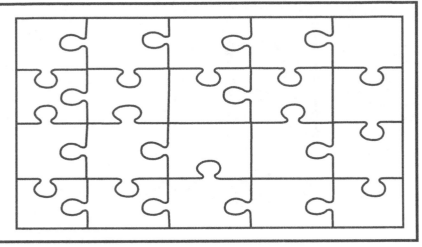

20 20 20 20

20 20 20 20

20 20 20 20

20 20 20 20

1 one

one one one

one one one

one one one

one one one

one one one

2 two

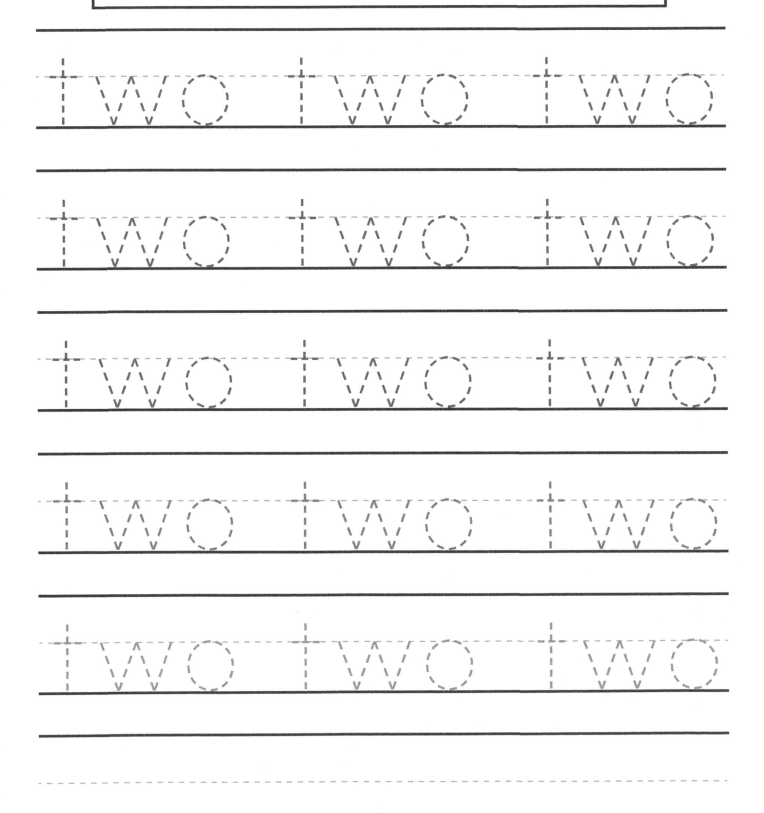

3 three

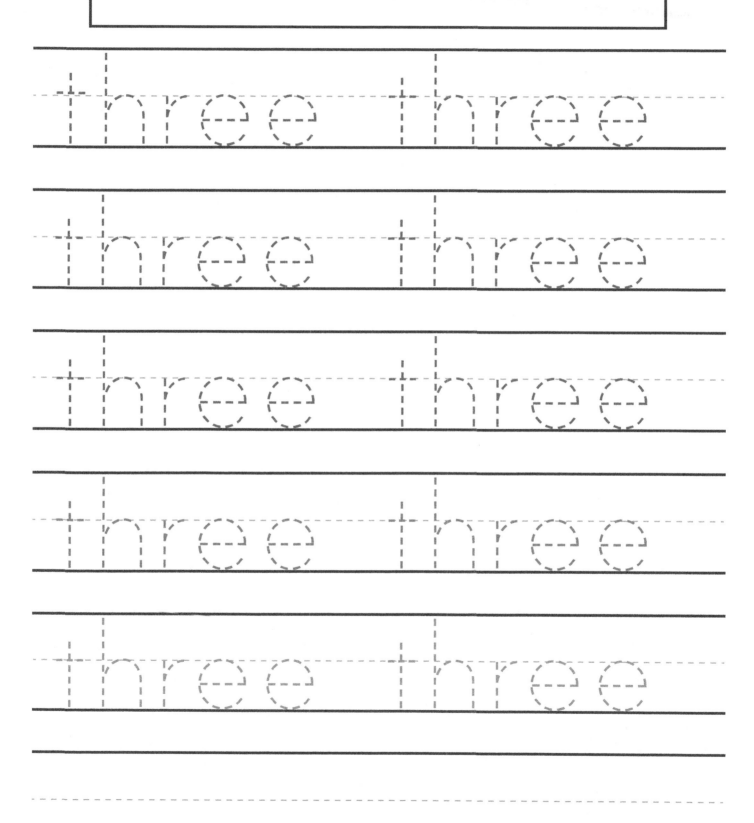

4 four

four   four

four   four

four   four

four   four

four   four

5 five

6 six

7 seven

seven seven

seven seven

seven seven

seven seven

seven seven

8 eight

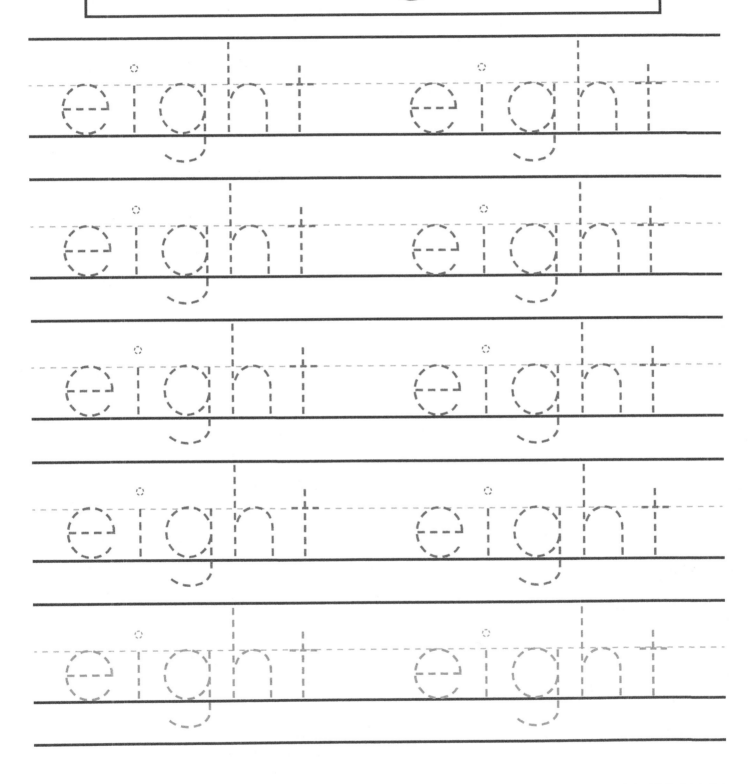

q nine

10 ten

ten ten ten

ten ten ten

ten ten ten

ten ten ten

ten ten ten

11 eleven

eleven

eleven

eleven

eleven

eleven

12 twelve

13 thirteen

14 fourteen

fourteen

fourteen

fourteen

fourteen

fourteen

15 fifteen

16 sixteen

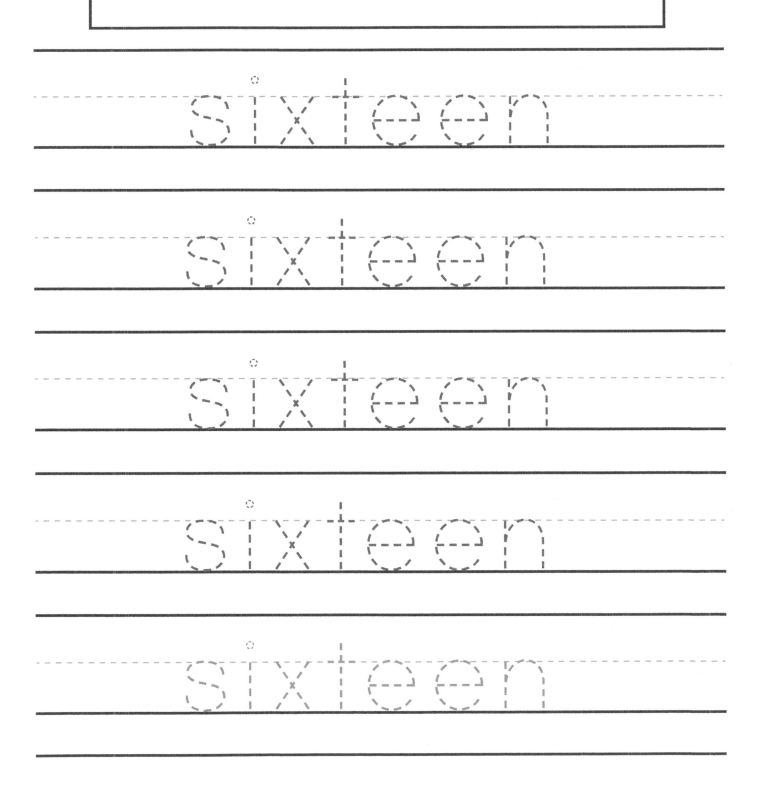

17 seventeen

seventeen

seventeen

seventeen

seventeen

seventeen

18 eighteen

eighteen

eighteen

eighteen

eighteen

eighteen

19 nineteen

nineteen

nineteen

nineteen

nineteen

nineteen

20 twenty

twenty

twenty

twenty

twenty

twenty

CONNECT THE DOTS

Draw the Kangaroo's tail by
connecting the numbered dots from 1-20

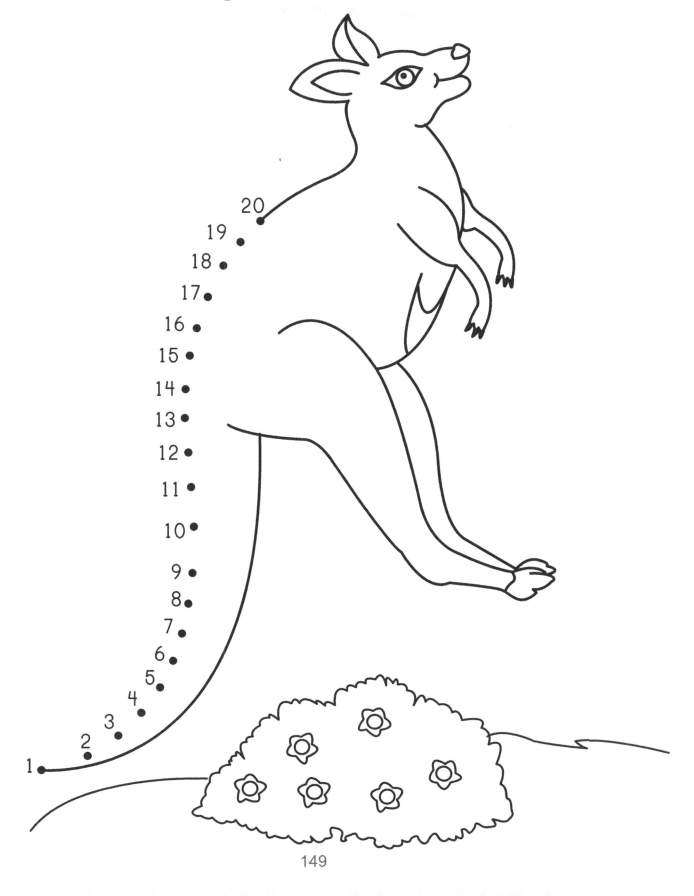

Trace Letters
Completed ✓

CONGRATULATIONS!
You are a
CHAMPION!

Recommended next skills

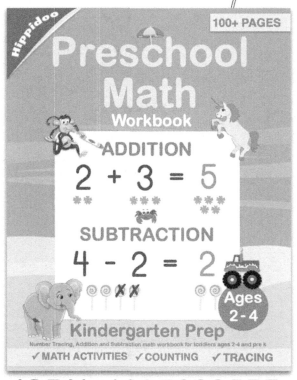

ISBN: 1692814761   ISBN: 1697668577

Get it
Today

Celebrate your Kid's Success.
Appreciate their effort.

Ask your kid to give a shout out and say,

"I DID IT!!
I CAN WRITE!
Hippidoo!"

 *Congratulations*

Writing Super Star
Awarded to

_____

For _____

Date _____   **Signed** _____

Made in United States
North Haven, CT
01 September 2022

23544607R00083